中国俗文化丛书

说福

丛书主编 高占祥

吴祖德 郑土有 著

山东教育出版社

图书在版编目(CIP)数据

说福/吴祖德，郑土有著. —济南：山东教育出版社，2016

(中国俗文化丛书/高占祥主编)

ISBN 978-7-5328-9305-8

Ⅰ.①说… Ⅱ.①吴… ②郑… Ⅲ.①风俗习惯—中国 Ⅳ.①K892.29

中国版本图书馆CIP数据核字(2016)第052113号

中国俗文化丛书　　　高占祥　主编

说　福　　　吴祖德　郑土有　著

出　版　人：刘东杰

出版发行：山东教育出版社

　　　　　(济南市纬一路321号　邮编：250001)

电　　　话：(0531)82092664　传真：(0531)82092625

网　　　址：www.sjs.com.cn

发　行　者：山东教育出版社

印　　　刷：山东临沂新华印刷物流集团有限责任公司

版　　　次：2017年2月第1版第1次印刷

规　　　格：787mm×1092mm　32开本

印　　　张：6印张

印　　　数：1—3000

插　　　页：4插页

字　　　数：85千字

书　　　号：ISBN 978-7-5328-9305-8

定　　　价：15.00元

(如印装质量有问题，请与印刷厂联系调换)

印厂电话：0539-2925659

图2 年画"福禄富贵"

图3 年画"福禄双全"

图1 春节贴的年画"福"之一种

图4 年画"五福捧寿"

图5 年画"和气纳福"

图6 年画"福如东海"

图7 年画"福寿临门"

图8 年画"平升五福"

图9
年画"福寿绵长"

图10
年画"翘盼福音"

图11
年画"麟子逐福"

图12
年画"献寿桃"

图13
年画"老寿星"

中国俗文化丛书

主　　编：高占祥

执行主编：于占德

副 主 编：于培杰

叶　涛

刘德增

序

　　在中华民族光辉而悠久的历史传统文化中，俗文化占有十分重要的地位。它不仅是雅文化不可缺少的伴侣，而且具有自身独立的社会价值。它在中华民族的发展历程中，与雅文化一起描绘着中华民族的形象，铸造着中华民族的灵魂。而在其表现形态上，俗文化则更显露出新鲜、明朗、生动、活跃的气质。它像一面镜子，折射出一个民族、一个地区的风土人情和生活百态。从这个角度看，进一步挖掘、整理和发扬俗文化是文化建设的一项战略任务。

　　俗文化，俗而不厌，雅美而宜人。不论是具体可感的器物，还是抽象的礼俗，读者都可以从中看出，千百年来，我们的祖先是在怎样的匠心独运中创造出如此灿烂的文化。我们好像触到了他们纯正的品格，听到了他们润物的声情，看到了他们精湛的技艺。他们那巧夺天工的种种创造，对今人是一种启迪；他们那健康而奇妙的审美追求，对后人是一种熏陶。我们不但可从这辉煌的民族文化中窥见自己的过去，而且可以从中展望美好的明天。

俗文化，无处不在，丰富而多彩。中华民族，历史悠久，地大物博，人口众多，在长期的生活积淀中，许多行为，众多器物，约定俗成，精益求精。追根溯源，形成系列，构成体系，展示出丰厚的文化氛围。如饮食、礼俗、游艺、婚丧、服饰、教育、艺术、房舍、变迁、风情、驯化、意趣、收藏、养生、烹饪、交往、生育、家谱、陵墓、家具、陈设、食具、石艺、玉器、印玺、鱼艺、鸟艺、鸣虫、镜子、扇子等等，都是俗文化涉及的范围。诚然，在诸多领域里，雅俗难辨，常常是你中有我，我中有你，彼此交叉，共融一体；有的则是先俗而后雅。

俗文化，古而不老，历久而弥新。它在人们的身边，在人们的生活中，无时无刻不影响人们的思想、观念和情趣。总结俗文化，剔除其糟粕，吸收其精华，对发扬民族精神，增强民族自信心，提高和丰富人民生活，都具有不可忽视的意义。世界文化是由五彩斑斓的民族文化汇成的，从这个意义上讲，愈是民族的，就愈是世界的。因此，我们总结自己的民俗文化，正是沟通世界文化的桥梁。这是发展的要求，时代的召唤。

这便是我们编纂出版这套《中国俗文化丛书》的宗旨。

目录

1

一　若虚若实探"福"源

"福"是中国人几千年来一直在竭力追求、并为之奋斗终生的目标。自人类走出蒙昧期后，在文化与进步的领域内，幸福始终是人类智慧首先关心的问题。福涉及人类生活的方方面面，人们对福的理解和追求也因人而异：子孙满堂是福，财帛进门也是福；升官晋爵是福，无病无灾也是福；有得吃有得喝是"口福"，甚至终日无所事事、悠哉游哉也是福，美其名曰"享清福"。

"福"成为中国人祈求能满足的各种美好愿望中使用频率最高的一个词。在中国传统文化中，中国人用来表达的五种美好意愿——福、禄、寿、财、喜中，福不仅位居第一，而且涵盖其他四种，即升官（禄）、长寿（寿）、发财（财）、遇喜事（喜），都可称之为"得福"、"有福气"。

时至今日，中国人在日常生活中还经常接触和使用"福"，如：有奖储蓄中了奖，得奖者和他人都会感叹"福气好"；学生考试刚到及格线或刚过录取分数线，则会庆幸"有福分"；甚至生个儿子、寻到一份理想的工作、评上职称、加到工资、买到便宜商品等都会归之于有"福"。

由此看来，"福"在中国人的观念中，似乎便是幸运，便是一切好事，但深究起来，又不完全准确，言不达意，似乎只可意会不言传。福，这中国人最喜欢拥有、最期望得到的，究竟是什么东西？它涵盖的面到底有多大？人们为了得到它又是如何孜孜不倦地追求它呢？

（一）从祭品名称到幸福之福

我们今天使用的汉字是从早期的象形文字发展而来的，所以许多汉字从其造型中还能看出我们祖先在造字时所赋予的原始含义。

福，由左右两半部分组成。《说文解字》一篇上说："福，从示，畐声。"这是一个会意字，"示"字，甲骨文写作"示"，意为"桌石"、"灵石"。原始初民把一竖一横的石块叠成石桌形，拟作"神"象，立在部落中心，当作"神"来祭拜，至商周时期仍是如此。"畐"字原意是表示布帛广而厚之状,《说文解字》中引申为"满"的意思。"示"和"畐"组合在一起,也就是在"灵石"(神)面前放上很多很满的祭品的意思。通俗地说,福的原意是祭祀时的供品。如《周礼·天官·膳夫》中有"凡祭祀之致福者"语,贾公彦疏曰:"诸臣自祭家庙,祭讫,致胙肉于王,谓之致福"。《国语·晋语二》:"今夕君梦齐姜,必速祠而归福……骊姬受福,乃置鸩于酒,置堇于肉。"《抱朴子·道意》:"然虽不屠宰,每供福食,无有限剂。"直至明清时期仍有将供品称福物的,如《水浒传》第2回:"两个牌军买了福物,煮熟,在庙等到巳,牌也不见来。"所以,汉代许慎《说文解字》中引《祭统》说:"贤者之祭也,必受其福,非世所谓福也。"可见,作为祭供神灵的供品是福的最初含义和原生义。

随着历史的发展和人类文明的进步,实物层面上的福逐渐朝着抽象意义上的"福"衍变,产生了两种衍生义:

其一是衍生为"庇荫佑护"的意思。在人类社会早期,原始生产力低下,人们只得求助于神灵,以丰富的福物祭供神灵和祖先,原本的目的是得到更多的食物,捕捉到更多的猎物,粮食能够丰收,满足最基本的生存需要;由此又逐渐地产生了祈求神灵尤其是祖先神灵庇佑的愿望，致福成为人们希望得到神灵保护的行为，因此衍生了此意，如《左传·庄公十年》中说"小信未孚，神弗福也"，《易经》中所谓"神鬼害盈而福谦"也指此义。

其二是衍生为"幸福"的意思。这也是我们今天通常所说的"福"。随着历史的进步和生产力水平的逐步提高，人们的物质生活水平也逐渐好转，此时人们已不仅仅满足于物质生活的享受，而且开始追求精神生活的享受，要求政治清明、社会安定，要求富贵喜庆、万象更新，要求行善积德、娱乐愉悦。人们追求尽可能长的生命，追求自己有连绵不断的子孙后代，作为自己生命体的延续，于是"福"的含义便从早期的祭祀供品延伸为物质生活和精神生活的富足，这种延伸义大概至周朝就比较流行了。《老子》说"福兮祸之所伏"，将福与祸相对应，很明显其含义已是幸福之福了。东汉《说文解字》中对福的释义是："福者，备也。备者百顺之名也，无所不顺者之谓备。"也就是说，一个人无所不有，所需要的全部达到，这才称为福。关于福的具体含义，《韩非子》卷六中说"全寿富贵之谓福"。而比之更早的《尚书·洪范》中就已经提出了"五福"的概念，"五福"是"一曰寿，二曰富，三曰康宁，四曰攸好德，五曰考终命"。这里，"寿"即长寿，在生产力水平尚不高、物质生活条件较差、医药知识匮乏的时代，人的生命往往是很短暂的，所以希望长寿的愿望异常强烈，被列为五福之首；"富"即富贵、富足；"康宁"指健康安逸；"攸好德"意为从善如流，修具好的品德；"考终命"指善终，中国古人认为只有行善好施的人才能善终，而那些客死他乡、遭遇不测而死的人，肯定是做了什么恶事而遭的报应，是很不光彩的。其后，中国人所指的"福"的内容大致便都包括在这五福的范围之中。这五个方面的内容，便成为每个中国人一生追求和奋斗的目标（图1）。民间春联中常见的"人臻五福，花满三春"、"三阳临吉地，五福萃华门"、"五福临门"等等，表达的都是这种心愿。

关于"福"的含义，历代都有人提出一些不同的解释，但大多万变不离其衷。如清代学者张潮提出："有工夫读书谓之福，有力量济人谓之福，有学问著述谓之福，无是非到耳谓之福，有多闻直谅之友谓之福。"他的"福"之观念，已涉及"济人"、"谏己"等内容，其态度已从只顾个人享乐的福，进而念及他人，为他人行善行利，无疑具有一定的积极意义了。还有人将"福"字拆开来析其意，认为每一口（人）皆有

图1 选自中国书店《吉祥图案》

其田，吃穿便得保障，此便是福。这显然是外行说"瞎话"，
但却歪打正着，在以农业为主要社会经济命脉的中国，耕者
有其田，确实是旧时每位农民祈盼的"福"。

（二）无所不有谓之福

中国人观念中的"福"到底包含哪些内容，也就是说达
到什么标准才算福？我们认为关于福的定义，以《说文解字》
的说法最为恰当，即"无所不顺"，就是完全能满足所有的愿

望，实现所有的理想，达到一种几近完美的地步。但具体到每一个社会人和社会阶层，由于其所处地位、人生目标、角色等等的不同，福的标准是有很大的差别的：如农民的最高理想是有一块属于自己的耕地，辛苦劳作后能够温饱无虑；读书人的最高理想是"十年寒窗"，一朝金榜题名，光宗耀祖；做官者的最高理想是仕途顺遂，官越做越大；生意人的最高理想是钱越赚越多，生意场上一帆风顺……。又如，在封建社会中，作为妻子的"福"是丈夫出人头地，事业有成，子女有出息，孝顺长辈，所谓的"相夫教子"；而作为丈夫的"福"，则是家中有一位聪明贤惠、守妇道的妻子，事业上蒸蒸日上，或是官运亨通，或是生意场上处处得利，或是勤劳致富等等。不过，同处于一种文化氛围、同是儒家文化占据主导地位的中国人，对于"福"的理解，还是有一种基本的认同的。也就是，不管他是处于何阶层，担任何种角色，不管他的人生观、价值观如何，都承认凡是符合这些条件的，就是有"福"之人，就是有福气，就是福运高照，这种认同大致包括以下三方面内容：

1. 完美的人生

就单个人而言，够得上有福的，起码具备：

第一，健康长寿。一个人如果身体不好，即使其他条件再好也不能享受，有好吃的不能吃，有好穿的不能穿，有好玩的不能玩，有美妻不能琴瑟相谐，整天病快快的，根本谈不上幸福；不仅要健康，而且要长寿，只有寿命长，才能更好地享受人生，所以中国有句看上去很消极，但内涵却充满哲理的俗语"好死不如赖活着"，夭折之人甚至死后都不能进入祖坟，只能化作厉鬼，受人讨厌，让人诅咒。这也就是《尚书》中把寿作为五福之先的道理。

第二，事业有成。中国古人相信命运之说，每个人的命不同，有的人当大官、当皇帝，有的人只配乞丐的命；有的人命中注定是读书做官的，有的人只能是种田樵夫；有的人生来就是大家闺秀、官太太，有的人只能当佣人奶妈，甚至是寄身青楼……命是天生的，无法改变，但运是可以通过自身的努力可以改变的，即比同一位置上的人过得好，也就是有福了。如同是农民耕夫，有些人整年劳累却吃不饱、穿不暖，挨饿受冻，而有些人却吃用不愁，或许还有积余，这样后一种人也就算是有福了；同是做官的，有的人官运亨通，步步高升；也有的人一步不慎，落得个削官为民，甚至人头落地，这样前一种人就是有福之人了。

第三，一生平安顺利，少波折，生活安定。

2. 幸福的家庭

中国有句俗语"家和万事兴"，就是说一个人的事业成就与一个人的家庭密切相关。作为有"福"之家，应具备以下起码的条件：

第一是家庭和睦。长辈与小辈之间，同辈之间，兄弟姐妹之间，妯娌之间，婆媳之间，关系融洽，长幼有序，互敬互爱。

第二是人丁兴旺。中国古人宗族观念十分强烈，"不孝有三，无后为大"，不能生育甚至是"七出"（休妻）的条件，若妻子不能生育，丈夫随时都可将其逐出家门；而某位妇女能生养十个八个子女，不仅是全家、全宗族的福气，该妇女也被认为是有福之人，受到社会的称道，对该类妇女还有个专门的称誉"肚福好"。四世同堂，五世同堂，九世同堂在旧中国是一种荣耀，不仅宗谱上要大肆宣扬，而且县志上都要记载，著名的皇帝还要颁圣旨予以表彰，建牌坊以昭示民众。

第三是家庭富足，生活有保障。一个人穷得上无片瓦，下无寸土，谈不上有福；一个人居不定处，到处漂泊，也谈不上福；流落街头的乞丐，寄身青楼的妓女，当然也谈不上有福之人。尽管家庭的富足没有一个具体的标准，上至富甲天下，下至温饱无虞，都可称之为富足。作为一个有福之人、有福之家，最起码的是通过辛勤的努力，能够做到吃用不愁，生活条件有保障，能够满足生活所需。

3. 安定的社会

作为"福"的要求，仅仅个人、家庭的条件还不够，因为每个人都不是生活在真空中，而是生活于一定的历史社会中，生活于周围环境之中，个人的命运与社会大环境紧紧地联系在一起，须臾不可分离，就像人离不开空气、阳光一样。比如，一个人家财万贯，妻贤子孝，家庭和睦，可算是大福之人，但若遇上一场战争，万贯家财可能一夜之间就会化作灰烬，落得个妻离子散、颠沛流离的下场；又如，一个人才能出众，官运亨通，但碰到改朝换代，新继位的皇帝是一个昏君，听信谗言，一夜之间就可能人头落地、灭门九族。社会的动乱不安，不仅给普通百姓带来灾难，也给达官贵族、豪门世家带来灭顶之灾，魏晋六朝、唐末五代多少豪门世族为避战乱从中原流落到当时还是蛮荒之地的江浙、福建山区，过起了山民的生活。社会不稳，也就没有了个人的幸福生活。

此外，作为一个有福之人，还需要一个生存的小环境，即邻里关系和睦，同事关系融洽，有许多在困难之时能尽力帮忙的朋友等。

（三）福与中国传统文化

为什么中国人上至封建皇帝、达官贵人，下至黎民百姓都对福如此孜孜不倦地追求？都想做个有福之人？每个人都希望福星高照、五福临门？这恐怕与中国社会的生产方式和传统文化思想的影响不无关系。

1. 农耕社会中的现世享受观念

中国是一个具有悠久历史的农耕民族，早在七千多年前的河姆渡文化遗址中就已发现了大量的稻谷遗存。大概自殷商后期始，农业便成了中国最主要的经济形式。一般来说，农业民族比较重实际、重人事的作用、重现世享受。当然，由于各民族所处的地理环境不同，不同的农业民族会产生不同的文化观念。如希伯来民族所处的环境是一片茫茫的沙漠，常常竭尽全力而收效甚微，因此他们感到人的渺小，感到现实无法改变，于是把希望寄托于来生；而古埃及人的自然地理条件极为优越，尼罗河的周期性泛滥给两岸带来大片肥沃的黑土，在这些土地上耕种的埃及人花力少而收获丰，因此他们也感觉不到人类的伟大力量，而崇拜大自然，希望来生重临人间享受这美好的一切。中国的情形正处于这两者之间，条件既不很好也不很差。《孟子》中说："不违农时，谷不可胜食；数罟不入洿池，鱼鳖不可胜食也；斧斤不入山林，林木不可胜用也。"虽稍觉理想化，但基本上反映了中国古人的生活：只要按时耕种收割，经过辛勤劳动后的成果能满足生活所需。在这种情形下，人的力量和作用就能充分体现，人们的着眼点是现世而不是来生，满足现状，享受眼前的天伦之乐，重视人的寿命的长短，形成了与西方人截然不同的人生价值观。如古罗马哲学家塞涅卡（Seneca）认为是否长命不是重要的，重要的是是否活得正确；蒙田也在他的名言中说："生命的衡量标准，不是它的时间长短，而是你利用它的方式。"而中国人的人生观中，注重的往往不是生命价值的实现与否，而是生命时间的长短。

这种差异也表现在宗教信仰中。西方基督教认为人类从始祖起就犯了罪，并在罪中受苦，只有信仰上帝及其儿子耶稣基督才能获救，死后才能升入天堂；印度佛教把现实人生断定为"无常"、"无我"、"苦"；"苦"的原因既不在超现实的梵天，也不在社会环境，而由每人自身的"惑"、"业"所致。

"惑"指贪、嗔、痴等烦恼；"业"指身、口、意等活动。"惑"、"业"为因，造成生死不息之果；根据善恶行为，轮回报应。故摆脱痛苦之路，唯有依经、律、论三藏，修持戒、定、慧三字，彻底转变自己的世俗欲望和认识，超出生死轮回范围，达到这种转变的最高目标，叫作"涅槃"或"解脱"。伊斯兰教认为现世结束以后，就进入一个彼岸世界，也就是后世，在那里有天国和火狱。世界末日来临时，每个人都要接受末日的审判，在现世顺从安拉的意志而行善的人，永享天国之幸福，违逆作恶的人则被打入火狱。现世与后世相比，现世是短暂的，后世则是永存的，它是人的真正的和最终的归宿。可以这样说，除了中国的道教外，世界上的所有宗教都主张来世说，即人来到世上是短暂的，只有相信宗教所信奉的神灵，遵从神的旨意行事，死后才能进入天堂，永远享受幸福快乐。只有中国的道教是主张在现世的基础上通过一定的修炼，肉体成仙，长生不老，直接进入仙界生活的。道教是中国唯一的土生土长的宗教，它对中国社会的影响，正如鲁迅先生所说的：懂得了道教，就懂得了中国文化的一半。道教正式形成于东汉末年，其核心是自春秋以来的神仙信仰学说，"修道成仙，是道教追求的主要目标，其一切理论、道术、斋仪、修持，多围绕这一核心而展开"①，主张一个人只要通过服食丹药、呼吸导引等内修外炼手段，就可以达到肉体长生不死成为仙人，到那时，再也不受任何人的统治，也不受世俗观念的束缚，可以随心所欲，想爱就爱，想恨就恨；再也不会穷困潦倒，可以化土为银、点石为金；人与人之间的钩心斗角、尔虞我诈不复存在；空间缩小了，可以"朝发苍悟，夕至悬圃"；时间观念改变了，"山中方一日，世上已千年"；地球引力消失了，可以自由地飞来飞去；自然灾害也不复为害，可以呼风唤雨，随我所愿；物与物之间的绝对界线没有了，人变动物，动物变人，可以随便变来变去；居则"金台玉楼"，食则玉醴灵芝，行则驾龙御凤，还有玉女陪伴……过的是一种绝对超越人自身生理条件、超越社会伦理、超越自然环境束缚和限制的生活。道教所描绘的这种理想，正是长期处于农耕生产状态的中国古代民众的理想的反映，成仙正是追求现世享受的极端表现。

2. 宗法家族制度下的家庭特性

由于中国古代很早就进入了农耕社会，而农耕是以土地

---

① 卿希泰《中国道教思想史纲》（二），四川人民出版社 1981 年 5 月版，第 676 页。

为对象的，因此定居成为可能。随着生产力的发展，人类自身的繁殖也快速增长，需要有一整套规章制度来约束和管理，因此大约在周朝，中国的宗法家族制度就基本形成。在西方封建时代，也曾形成以家族为中心的社会制度，如日耳曼人入侵罗马，便把罗马帝国拥有的广大土地分封给他的扈从侍卫；查理曼作法兰克王时，也大封功臣，形成了庄园式家族制度。但是，欧洲到十八世纪末叶，随着蒸汽机和纺织机的发明，资本主义的生产关系取代了封建制度，家族社会也随之解体，而我国的封建社会自周朝开始一直延续到清末，形成了一套健全的家族制度。

宗法家族制度以同居共财为主要特征，夫妻子女，全家老少，同住一堂，过着男耕女织的和谐生活。在长期的发展过程中逐渐形成和完善了一套适宜于该制度的伦理道德观念，即高达观所说的宗法精神。他认为："此种精神规定于制度，见之于诗书，深入人心，积成习惯。举凡中国人民，自孩提以至老死，耳有所闻，目有所见，居家、行事，无一不受宗法精神之支配，其影响于一般人之日常生活，应可想见。此种宗法精神，为万世不易之国是，顺之者生，逆之者死，融合凝固，以铸成中国家族社会之特性。所以中国家族社会之形式，虽时代更替不无变迁，独宗法精神自周初以迄近代，独一贯相传。"① 具体来说，该宗法精神可以分为孝、悌、贞、顺四个方面：

孝为百行之首，是宗法家族社会的基本理论。周初的文王、武王、周公，就已经认识到封建制度的稳定，首要是做到家族社会的安定，而安定家族社会生活的基石则是孝，所以他们不仅大力宣扬孝道，而且以身作则，昭示人民，《礼记·文王世子》就记载了不少他们行孝道的事迹：对于长辈一日三朝，问安侍膳，凡有疾病，更是废寝忘食地侍候。封建统治者对孝的提倡，目的非常明确，一方面通过孝道稳定宗法家族内部的团结，另一方面由家推及国家，从对父母的孝推及对君的忠，即所谓"家齐而后国治"。《孝经》中把它归之为三句话："夫孝，始于事亲，中于事君，终于立身。"可谓是最精辟的总结。孝道，经周文王、武王、周公创制于先，而后经儒家学者，上自孔子孟子，下至宋代理学家朱熹等人的阐发，形成了一套天衣无缝的学说。对于每个人来说，孝道要求小辈对长辈绝对的孝顺、忠心，目的是建立上下有序的关系，和睦相处，维护大

① 高达观《中国家族社会之特性》，中华书局 1946 年 1 月沪版，第 6 页。

家庭的繁荣昌盛。

孝是维系家族社会中父子的关系，而悌则是维系家族社会中兄弟的关系，要求兄对弟要"友"，即关心爱护；弟对兄要"恭"，即尊重服从，兄弟和睦，互敬互爱。

家族社会以父亲为中心，以血缘关系为纽带而组成，为了保证血缘的纯正，就必须要求妻子对丈夫的绝对的肉体忠贞，不允许同任何别的男人发生性关系，因此封建社会从一开始就特别强调妇女的贞操问题。从《诗经》的"二南"中可见其端倪；战国时已有"妇人以顺从为务，贞悫为首"的条文。秦国又向前推进了一步，秦始皇几次刻石都曾提到这个问题，如会稽刻石中说："有子而嫁，倍死不贞。防隔内外，禁止淫佚。"① 秦始皇还为巴清寡妇筑"女怀清台"。汉代更是推波助澜，以法律形式肯定守节，奖励守节，如元初六年二月，诏赐"贞妇有节义十斛（指谷——引者），甄表门阁，旗显厥行"（《后汉书·安帝本纪》）。以后各代层层加码，宋代理学家竟提出了童贞的问题。贞节观发展到明清阶段登峰造极，守节几乎成了迷信、教条，甚至是宗教。《明史·烈女传》中载："明兴，著为规条，巡方督学岁上其事。大者赐

---

① 陈东源《中国妇女生活史》，商务印书馆 1938 年 1 月版，第 43 页。

祠祀，次亦树坊表，乌头绰楔，照耀井闾，乃至僻壤下户之女，亦能以贞白子砥，其著于实录郡邑老者，不下万余人……呜呼！何其盛也。"盛况空前，连封建文人也不得不为之惊叹！贞节观不仅与封建社会相始终，而且随着封建社会的发展而不断强化，夫死守节成了每位妇女必须遵守的道德规范。

顺是对媳妇待公婆的要求。在宗法家族中，除父子、兄弟、夫妻外，还有婆媳同居，因此宗法理论在提倡孝、悌、贞外，又极力提倡妇顺，这也是维系宗法家族的必然手段。顺要求作为媳妇的，对公婆必绝对顺从，侍候无微不至，甚至逆来顺受。因为媳妇与公婆本无任何关系，必须要求她顺从，才能维系家内的和平；如果一家中的兄弟子侄的媳妇都遵守妇德、妇顺，统一于家长之下，那么家族就一定能和平兴旺。

孝、悌、贞、顺作为宗法家族社会的基本准则，始终贯穿于中国两千多年封建社会中，且不断强化，深入人心，毒害甚深，尤其是对于妇女的压迫尤为严酷。但它的目的是提倡和睦团结，讲究上下有序，内外有别，分工明确，各司其职，对于维系宗法家族制度起到了很好的作用。从某种程度上说，对于中华民族一些美德的形成也起过一定的作用。中国人多子多福、家庭和睦等"福"观念也与此不无关系。

3. 儒家思想与中国人的"福"

统治阶级的思想总是占统治地位的思想，任何一个民族和国家，其统治者的思想和行为不仅影响到一个民族和国家的政治生活、经济生活，而且深深影响到这个民族和国家人民的哲学思想、文学艺术、宗教信仰，甚至风俗习惯；也影响到民众的人生观、价值观和审美观。自孔孟以降，儒家学说在我国思想界一直占统治地位，影响极为深远。与中国人"福"的观念形成相关的，主要有以下理论：

一是天命观。认为"死生有命，富贵在天"，一个人的命运是由天生的，谁也无法改变命运。所以孔子说："君子有三畏：畏天命，畏大人，畏圣人之言。"（《论语·季氏篇》）因此，一个人的福分也是命中注定的。

二是忠孝观。儒家学说从孔子开始就非常强调君臣父子的伦理关系，对君要忠，对父要孝，对兄要悌，对朋友要言而有信，认为"孝弟也者，其为仁之本与！"要求人"入则孝，出则悌，谨而信，泛爱众而亲仁，行有余力，则以学文"。"事父母，能竭其力；事君，能致其身；与朋友交，言而有信。"（《论语·学而篇》）只有这样，才能治理好国家，才能管理好家庭，使国家安定，家庭兴旺发达。

三是和为贵的思想。儒家学说提倡中庸之道，凡事讲究"度"，温文尔雅，如《论语·学而篇》中说："礼之用，和为贵。先王之道，斯为美；小大由之。有所不行，知和而和，不以礼节之，亦不可行也。"孔子甚至将中庸视为最高道德标准："中庸之为德也，其至矣乎！"（《论语·雍也篇》）

四是多子多福观。儒家思想主张"不孝有三，无后为大"（《孟子·离娄上》），多子多孙是一个家族发达的标志，基于此，历代封建统治者都对多世同堂的家族予以表彰，社会上对多子女的妇人倍加尊重，认为是有福气、有肚福。

五是富贵观。在《论语》中，孔子多处谈到富贵贫贱。他说："富与贵，是人之所欲也；不以其道得之，不处也。贫与贱，是人之所恶也；不以其道得之，不去也。"（《里仁篇》）"不义而富且贵，于我如浮云。"（《述而篇》）他认为，发大财，做大官，这是人人都盼望的，但是作为一个正人君子必须用正当的方法得到它；通过不正当的行为而得到的富贵，就像浮云一样是不可靠的，也是不足取的。应该说这是一种正确的富贵观，对于中国的"福"的观念影响较大。

二 福神与福相

福气、福运,每个中国人孜孜以求,毕生为之努力。虽说,人们相信一个人的福分是命中注定的,但又认为冥冥之中有一位掌握人的福分的神灵,只要诚心诚意向他祈求,"精诚所至,金石为开",也许神灵开恩,也就能得到更多的福。

(一)五花八门的福神

我们说旧时的中国人对祈福的态度较之西方人消极,不仅在于前文所说的,他们最终总将福的内容降低到个人基本生存需要的水平,而且还在于对于得到福的方式的理解和采取。他们很少着眼于通过努力以社会进步来谋取大众的福,而是祈求天地鬼神赐予,等待福的降临。

同时,旧时的中国百姓在信仰上又持多神论、泛神论的观点。他们往往有一种需求,便树起一尊神圣,奉起一种信仰。他们从多种信仰中来获取多重精神的慰藉。

　　基于这样的认识，我们的先民便创造了一位专管赐福的神圣，然后对之顶礼膜拜，祈求他赐福、降福。然而在中国古时，由于时代的不同、地域的不同，祈求的福神也各种各样，五花八门。

　　1. 福星

　　中国是世界上较早对天体运行进行观察和研究的民族之一，我们的先民观察到太阳系的九大行星中，那距离太阳第五远的一颗最大（即木星），于是名之谓"岁星"。并且认为

图 2　太岁（云南纸马）

选自吕胜中《中国民间木刻版画》

湖南美术出版社 1990 年版

当岁星照临时，地上便出现风调雨顺、农作物丰收的好年景，于是便认为岁星的照临能降福于民，岁星便被尊奉为"福星"。唐代李商隐《李义山诗集·无愁果有愁曲·北齐歌》中便写道："东有青龙西白虎，中含福星包世度。"后来，人们又将岁星尊为神，名为"太岁"。（图2、3）《协纪辨方书》卷三引《神枢经》云："太岁，人君之像，率领诸神，统正方位，斡运时序，总岁成功……若国家巡狩省方，出师略地，营造宫

图3　太岁神君（江苏无锡纸马）

选自叶兆信《中国诸神图集》

阙，开拓封疆，不可向之。黎庶修营宅舍，筑垒墙垣，并须回避。"这就是说，这位太岁是百神的统帅，十分威严，无论何人都不能触犯他，甚至都不能面向他。国家征战巡狩，甚至起房造殿都不能向着太岁的方向，老百姓造间屋甚至砌堵墙，也必须回避他。《黄帝经》也说："太岁所在之辰，必不可犯。"原案："太岁为百神之统，俗谓之中天子。"太岁如此威严，人都不敢面向他，人们还怎么向他祈求赐福呢？民间俗语说："谁敢在太岁头上动土？"老百姓只得另尊一位福神了。

2. 福神

据《三教搜神大全》卷四记载，汉武帝时有个叫杨成的人在道州当刺史。道州人都生得很矮小，汉武帝觉得很好玩，便下旨从道州选矮奴进宫，练百戏杂耍，供他赏玩。杨成接到这一圣旨后，作为道州的父母官，让自己的子民去当宫奴，心中十分不忍，于是便向汉武帝上了一道表。奏表云："臣按五典，本土只有矮民无矮奴也。"汉武帝接到这道表，看了后有所感悟，便不再提选矮民进宫当玩奴的事了。道州的老百姓对杨成充满了感激之情，正是由于杨成的庇护才使他们免除了被征调去当宫奴的灾祸，得以在家乡继续安居乐业，使他们得福，所以杨成正是他们道州百姓的福神。

道州郡的百姓在杨成死了以后为他建了一座祠堂，里面挂杨成的画像，正式将杨成作为福神祭拜。道州地方的人都生得很矮小，故这画像上的福神杨成也很矮小。

　　汉代的杨成是何面貌，由于年代久远，画像湮没，已无可考据。现在能看到的福神形象大致都来自明刊本《三教搜神大全》，福神是一位穿着明制官服，手持拂尘，蓄着长髯的小老头。以后的福神形象大致如此。这虽是明代画家的描绘，但有一特征与传说相同，即福神是个矮个儿的老头。(图4)

图4　福　神（明）

选自叶兆信《中国诸神图集》

　　在中国封建社会又流传有"福禄寿"三星（神），他们大量出现在民间年画和各种民间工艺品中，如三星瓷像、三星

剪纸、三星面人、三星木雕等。其中，那额头高崇的是寿星，
其余两位衣着穿戴都差不多，矮的一位便是福神。(图5)

图5　福禄寿三星（清，中堂）
选自叶兆信《中国诸神图集》

3. 福德正神土地爷

说起土地神的来历，他曾经是一位非常显赫的大神。土
地崇拜是原始宗教中自然崇拜的一个重要组成部分。因为人

类为了生存，首先是需要大量的食物，而人们脚下的大地养育着可供食用的动物和植物，它们生生死死，取之不尽。因此人们想象有一位大地之神，是他帮助了人类的生存。古代人类为了酬谢他负载万物、生养万物的功劳，所以要经常祭祀。《礼记·郊特牲》云："地载万物，天垂象，取财于地，取法于天，是以尊天而亲地也。故教民美报焉。"在人类早期，天神和地神是两位最大的神灵。开始时地神并无专有神名，后来在我国称其为后土，与皇天相对应，在古籍中多有记载；后来又为社神之名所替代，后土之称仅仅在封建皇帝的祭祀活动仍保留。地神所以改称为社神，大概与祭祀方式有关。古人祭祀地神时，常筑土为坛，或把一竖一横的石块叠成石桌状，把它当作神的化身，故称社神（社从示、土，是个会意字）。如《孝经纬》中说："社者，土地之主，土地广博，不可遍敬，故封土为社而祀之，报功也。"统一王朝出现以后，社神有了等级区别，国家级的大地之神是后土，由皇帝专祀；各诸侯国、大夫采邑、乡村里社则奉祀管理本地区的社神。秦汉以后，中间层次的社神逐渐消亡，后土神也因由皇室专控失去信徒而名存实亡，只有以单纯的区域为准则的乡里村社土地神逐渐盛行起来。到了汉末，土地神开始由自然神转为人鬼神，如蒋子文在三国吴时成为钟山的土地神。唐时，土地成为城隍的下属，管辖范围进一步缩小。宋时，土地神的信仰相当盛行，无论城乡、住宅、园林、寺庙、山岳等都有土地，与城隍的统属关系也进一步清楚。明代时相传朱元璋出身于土地庙，对土地也格外青睐，像城隍一样，将土地与乡里的行政机构相对应，使土地信仰达到鼎盛期，土地庙遍及大江南北的各个角落。"大小是个官员，多少有些神气"，虽说土地神的职位卑微，但他与民间百姓的生活最为接近，所以祭祀活动极为频繁，香火旺盛。当然，因为土地官小，供品可以不必讲究，只要心诚则可。

由于土地神守护着一方地面的安宁、平安和风调雨顺，人们相信他具有赐福的神能，故尊称为"福德正神"。一般民间的土地庙都很小。有的乡村，仅用四块石片或瓦片，三片作墙，一片作顶；或用一只破缸覆在地上，便算是土地庙了。还有在坟地旁所祀的，仅设一块刻有"福神"或"后土"字样的石碑即可。

至于这位福德正神——土地公公的形象，大都是一位白发白须、和蔼慈祥的老人。也有白面黑须，戴幞头，着圆领官服，似城隍打扮的。（图6）

图 6　土地神（陕西凤翔印本）
选自叶兆信《中国诸神图集》

　　在中国古时，一般在祭宗祠、扫墓、破土等祭祀仪式开始前，都要先祭福德正神，以求保佑和赐福。对土地神的专门祭祀则一是春秋二社，二是土地神诞辰日。"春社"、"秋社"分别是立春、立秋后的第五个戊日。每年的这两天，人们都要杀牛宰羊设酒，献祭福德正神，祈求他保佑一方五谷丰登、家宅平安、老少得福。献祭后，人们聚会欢宴，相互赠送社饭、社糕、社酒。后来，春秋社祀逐渐成为一种节庆般的集会，称为"社会"。举行社会时，一般还要演社戏。

　　土地神的诞辰是农历的二月初二。这一天，不仅家家户户作祭，在那简陋的土地庙前放置些清香供品外，乡里、村里还要请戏班来演戏娱神，为福德正神祝寿。人们从各处赶来，在土地神前敬烛上香，祈求福德正神赐福，然后看大戏逛集市，犹如过节一般。在江淮地区，为土地神做生日的祭祀活动，称为"迎福德神"。其时，家家户户均杀鸡煮肉，准备丰盛的菜肴，放爆竹，燃香烛，对土地神叩头礼拜，祈求赐福、降福。在淮北的民间，人们通常到村前的土地庙去祭祀；而在长江以南地区，则往往将土地神像挂在家中的中堂上进行祭拜。清嘉庆年间的《绩溪县志》中就有"二月二日，家具豚鱼菽之荐，香烛，爆竹，以迎土地神，祀于中堂"的记载。

4. 赐福天官

道教是中华民族土生土长的宗教，它与西来的佛教不同：佛教讲究修来世，而道教则重修炼今生，正因为如此，道教对现世的"福"的获得和享受十分重视，在道教中专门有位赐福天官。

东汉末年，张道陵等人创立五斗米道，他们为病者祈祷时便是作"三官书"，即将病人姓名写于纸上，再写上些谢罪的话，一式三份，一份放在山上，谓之上于天；一份埋在地下，谓之达于地；一份沉于水中，谓之付于水。此谓之"三官手书"，意即请天、地、水三官为病人却病；后来又以三官配三元。《蠡海集》中写道："盖天气主生，地气主完，水气主化，用司于三界而三时首月之望候之，故曰'三元'。金为生，候天气；土为成，候地气；水为化，候水气，三元正当三临宫，故曰'三官'也。"

因此，这三官就是天官、地官和水官。三官配三元，各司其职。《帝京岁时纪略》载："天官赐福，地官赦罪，水官解厄。"在道教信徒的观念中，天官便是降福的福神。三官配三元，上元夏历正月十五是天官生日，中元七月十五是地官生日，下元十月十五是水官生日。三官的圣诞，则是人们礼拜祈福的日子。（图7）

旧时，汉族地区各地都有许多三官庙、三官堂及三官殿。每逢三官生日，虔诚的信仰者要吃素斋居三日，一般都要去三官庙或三官堂敬香上供，祈求天官赐福。旧时上海地区每逢上元天官生日时，供奉三官的崇福庵香火顿盛，"自朝至暮，舟楫络绎不绝，香舫所停、舳舻相接者三四里"，庵内"摩肩挥汗，炉烟闻于里外，尤其盛也"（叶梦珠《阅世编》）。上海旧城厢内，信奉道教的较普遍，信众相信天官能赐福于人，故"天官赐福"一时成为上海人互相致意的吉祥语，而"天官赐"竟成为沪语中"福"的歇后语。上海人碰到意外的好事，谓之得福，往往便说"我今早碰着天官赐哉"！

图 7　天官赐福（山东潍县）

在四川等地，人们在赐福天官正月十五生日时，从正月初九起便举行祭祀活动。届时，各村各寨搭起供奉"三官神"

的神棚，并在周围竖起高高的竹竿，竹竿上挂起"天罡灯"、"地罡灯"等，以此上达天宫，祈求天官赐福于民。当地人称这种祈福活动为"点三官灯"。（图8）

图 8　五福大神（云南纸马）

选自吕胜中《中国民间木刻版画》

（二）福与人的相貌

由于生物的遗传和变异特性，人各有相，虽然都是这几样器官，但所组成的貌相，却千差万别，没有一模一样的面相，即便是单卵的多胞兄弟姐妹也还是有些许的差异，这样人就有了长得眉清目秀的好相貌，或塌鼻倒眉的丑模样，这是很正常的自然现象。但中国人相信人一生的祸福寿夭是命中注定的，相信人的一生从呱呱坠地这一刻起就已经决定，这就是一个人的"命"，因此人的荣辱贵贱可以通过生辰八字测算出来，形成了算命术；也可以从一个人的"相"即眉、眼、鼻、口、耳、发等外形器官的形状、位置推断出来，形成相术。

与擅长哲学思维、理论演绎的西方一些民族不同，中国早期的理论往往是大量实践的归纳总结。我们的先民在将许多大富大贵或一贫如洗之人的面相加以归纳、分类和总结后，便有了所谓贵相、富相、穷相等等的说法，并将这些说法附会上一层唯心主义的外壳，给人以一种"天生的命相，天定的命运"的印象。早在春秋战国时期即出现了一批以面相来预言人之吉凶贵贱为业的所谓相士，如《左传·文公元年》载："王使内史叔服来会葬，公孙敖闻其能相人也，见其二子焉。"同时，还出了许多这方面的书籍，如《麻衣神相》之类。应该说，一个人的生性好恶、思想的明晦会在面容表情上有所表露，久而久之会形成一定状貌。国外也有这样一则民间故事，说的是有个原本长得眉清目秀、十分英俊的富家子，由于依仗家财富裕，不思上进，整天在外吃喝嫖赌。有一天，他无意之中照照镜子，发现自己竟眼斜嘴歪，面貌变得难看起来。而且，从此后他每在外欺骗奸淫了一名姑娘，或设骗局诈骗了一位乡下人的钱财，他的相貌便更加丑陋一分。后来，他听了一位哲人的劝导，下决心改邪归正，改吃喝嫖赌为广施善举。这样，他再去照照镜子，发现自己丑陋的相貌又慢慢规正起来了。这个故事说的是人的相貌端正与否与人的心术正邪还是有点关系的。这则故事用来劝诫世人树立美德当然具有一定积极意义，但由人的面相而推知贵贱安危、判断吉凶荣枯，如《史记·淮阴侯列传》载"相君之面，不过封侯，不危不安"，则未免有点唯心了。

　　在中国长期的封建社会中，人们始终对富贵福寿等有着热烈的向往，所以将人们互相区别的最重要器官特征——面相，与这些生活状况的标志——福禄寿富贵等联系起来，形成了许多习俗的说法，也就是一些关于面相的俗语，如：

　　　　眉清目秀，必定长寿；

　　　　男人颧骨高，必定是英豪；

　　　　地科（下巴）方圆，良田辽远；

两耳抿后，贵人在后；

对面不见耳，称臣或封侯；

鼻梁挺直，不愁穿不愁吃；

人中宽长，儿孙满堂；

鼻子如蒜头，聚财又封侯；

嘴角上扬，喝辣吃香；

……

以下是一些与命薄、命贱相联系的，所谓不好相貌的俗语：

眉如扫地，砍砍杀杀；

眉毛宽短，心胸奸险；

女人颧骨高，杀夫不用刀；

耳大招风，不苦也穷；

鸡嘴猴腮，乞食沿街；

人中一道线，有儿不见面；

嘴角两头低，不哭爹娘就苦妻；

嘴唇薄，不是三姑是六婆；

……

在中国封建社会中，人们对面相的种种归纳描绘中，"福相"是被描摹得最为详细，亦最为人们所乐道的一种。因为"福"是中国人几千年来一直在孜孜以求的人生最高理想。人们为了祈求得福，向神、向仙、向佛、向祖先、向山川动物祭祀祈求，但祈求之后，效果如何，福是否会到来，是没有明显明确的征候的，而面相却是实在而且生动的。如果提出某种相貌是"福者"的状貌，则原本因祸福相依相出而致的福祸无常，就变得有所定论和可以预测了，也即人们祈盼的"福"之将临，便变得有了端倪可见，有迹象可寻了。同时，这一思维也较符合中国古代社会占主导地位的"天人感应"、"人命天定"及"宿命"等哲学思想，故相面术一出，不断有操此业者，上至封建帝皇，下至黎民百姓，信者众多。

　　民间关于"福相"的具体描绘，是经过口口相传，不断积累，不断修正，才越来越具体生动起来的。但其所有的内容和材料却都是人们对他们所处时代被认为有福之人的容貌特征的概括和总结。

　　人们首先注意到的当然是被尊为福星、福神的相貌状。关于福星我们前面已经介绍过，原是天上的太岁星，人们以他"为百神之统"的传说而尊之为福星，但太岁星十分威严，人们都不敢面向他，没有他容貌的具体形象，当然不能用来形容福相了。而福神杨成是一个矮个子蓄长髯的小老头，于是，在一段时期人们将矮小长髯的小老头看作是福相，称"矮墩墩，福得得"，矮成为一种福相，至今在江南一带，尤其是吴语中仍有较高的使用频率。

中国人称土地神是"福德正神"，其貌为面团团、胖墩墩，因此人们又认为脸部丰满，特别是由云精到地阁显圆球状，身形同样丰满多肉者为福相。若再额部高广，眉目清秀者，则更为十足的福相。在旧时的相书上，还推断有此福相者，一生幸福，事业财运绝对上佳，家庭美满，妻贤子孝，属于世间难求的好命。这当然是牵强附会之说。其实，这种相貌科学上称之为营养质状貌。在封建社会中，只有有钱人，才能营养丰富，吃饱穿暖，保养得如此白白胖胖。有钱人当然有财运，可以三妻四妾，子孙满堂。说他是福相，实际上是因果倒置，拿结果来看端兆当起因而已。

关于福相的另一重要特征是额部要高广。在吴语方言中，每当遇到意外的好运气，至今仍用俗语"额骨头碰到天花板"来形容，意即额部特别高广。这一福相特征，与民间传说中的寿星的面相有密切关系。据《尔雅·释天》记载寿星本是天上的角、亢二星，至秦始皇在长安杜县首建寿星祠后，民间渐渐将之衍演为一位长寿的仙翁。吴承恩在《西游记》中根据民间传说，描绘了这位仙翁的容貌："霄汉间现老人，手捧灵芝飞蔼绣，长头大耳短身躯，南极之方称老寿……寿星又到。"寿星的突出特征，便是那高高隆起的高广额头，故旧时民间对福相的描绘，开首一句便是"天庭饱满，地阁方圆"，天庭便是额头，地阁指下巴和两腮。

　　除了被尊为福星、福神之类的神灵外，人们还往往从生活中大福大贵之人的面相中去总结概括福相的特征，尤其是历代帝皇将相的面相。如相传汉刘备两耳特大，两手特长，有"两耳垂肩，双手过膝"之说，于是民间就将"耳珠（又称耳垂，耳朵滴子）厚大朝口"作为福相的一个重要特征。在近两千年的封建社会中，官本位的倾向极重，"学而优则仕"，十年寒窗的唯一目的就是有朝一日"金榜题名"，因此不要说当皇帝的，就是一般的官吏，也被认为是有福之人，所以民间将那些国字口脸，印堂广阔，眉修长而浓密，双目凌厉令人生畏，鼻梁直挺，山根两条法令深明宽阔，口大有棱角，云精拱胀位广的"官相"，总结为"富而有官贵格局"的"福相"。

　　在封建社会中，女子富贵有福，不是如今的女强人，在社会上出人头地，有名有利；而是有安乐茶饭吃，有许多婢女仆人服侍；子孙满堂，且个人有出息；能帮衬丈夫发家致富（旧时称之为"帮家运"）；又夫妇恩爱琴瑟调和；享尽清福之余，又身体健康，极少病痛之麻烦；享寿能至八九十岁，且得正寝；这才被认为是福寿完全的一品夫人格局。这种女子的相貌，当然是慈祥和蔼、相貌端庄，好似那戏中扮出来的荣宁两府中的老祖宗贾老太太的模样。但实际上，在相书中被归纳总结出来的女子福相，贾母式的只是普通人家的福相之一，而属极品的女子福相却是：眉翘起但清秀高企，眼会恶唯黑白分明带威严，鼻梁生得高，鼻头有肉而鼻翼横张，颧骨高却包肉不迫眼、不冲奸门，口大但大得有棱有角兼红润。这面相少了点慈祥，而添了点凶严，原来，这是照着慈禧太后的模样描绘的。

俗话说：眼睛是心灵的窗户。在人的脸面上，眼睛的确是一个十分重要的器官，它往往决定了人的相貌特征。人们往往在听说某人有一对水汪汪的大眼睛，便可认定这人相貌一定不错，比较端正漂亮；而听说某人长一对绿豆般大小的眼睛，便会认定其人相貌不扬。于是，在民间对福相的描绘中，眼睛成为一个重要的部分，且有"家庭福分看龙宫"的说法。所谓"龙宫"即眼头与眼白之间形成的三角形部位。

所谓"龙宫"宽阔，则眼内眸子就小；而"龙宫"狭窄者，则眼内眸子就大。民间有一说认为，"龙宫"清白且透出光泽，眼眦有略尖，则夫妻关系和家庭生活完善，且夫妻还将是有教养及内涵深厚的一对，因此是家庭有福气的相貌。究其实，凡家境比较富裕的，营养丰富且均衡，生活有规律，起居有致，眼白（即龙宫）易保持清白光泽的健康状态；反之，家境贫寒，营养缺乏，生活难免无规律，起早摸黑为生计奔走，眼白易呈现灰黄混浊的状态。同时，有学识之人，观察较细，凡事皆略作思考，故显眼眦略尖；而无教养无内涵之人，凡事皆茫然以对，何来略尖之眼眦？可见，"龙宫"与"福"确有因果的联系，但"福"——家庭生活幸福美满是因，而"龙宫"清白是果，相面术恰恰是将这因果关系颠倒了过来。至于说，龙宫呈圆形之人，性情率直，凡事作不得主，但积极乐观，对家庭肯负责；龙宫狭长之人，虚伪做作，对配偶也不尽忠实，婚姻易遭挫败等，也都是或因果颠倒，或纯粹胡编的虚言妄语。

民间对于福相的描绘，嘴也是一个重要的部分。对于一般男人来说，口形大而四正，总是端正的状貌。至于有说法以为，嘴唇上有竖纹，嘴唇的轮廓分明如刻画，嘴角微微翘起的，福寿必然完美，衣食也终身绝无匮乏，婚姻美满，有好福气；相反，如口形过于细小，或大而无修，又连带嘴角耷拉，好似"覆舟"一样，若再加上嘴唇长时间都是黑乎乎的，便认为是"穷相"了，同样，与嘴唇有竖纹相反，如嘴唇有横纹，则被认为是做事无计划，好漫无目的，喋喋不休，做事失败多于成功。其实所有这些也都是因果倒置之说。

在相面术中，鼻子被认为是财运的标志，"人中"部位相术中称"食仓位"或"食禄位"，认为该部位除显示一个人的衣食丰歉之外，还标志着一个人的子孙多寡和健康状况的好坏。一般认为鼻正或"鼻似悬胆"即鼻正而挺直为福相，但忌鼻毛太长。如若鼻毛长至人中部位，则被认为不单是财运有所匮乏，而且所有的福、禄及子女的财运和本人的健康都大受影响。这就是相书上说的"门口戗住两支枪"。当然，鼻毛过长，是否是身体不够健康的结果与反映，似乎医学科学上尚无此说法，恐怕是毫无科学道理的荒谬之谈。

三　"五福"寿为先

在中国人的传统观念中，如果一个人能够达到"寿、富、多男子"，那就是最幸福的人了。而其中的寿又是最为重要的，"好死不如赖活着"这句俗语可以说是对这种心态最生动的说明，《尚书》中的"五福"也把寿列为首位。在中国衡量一个人的价值往往不注重他一生做了些什么，而注意他活了多大岁数，视长寿为"命好"、"福气好"。这种追求长寿观念的形成，既有人类发展的共性，又有中国社会的特性。

（一）长寿——人人追寻的梦

从人类历史的发展来看，对生命的重视是人类文明演进的结果。人类学资料表明，当人类尚处于幼稚的童年期，人类不能理解人的肉体与精神之间的关系，也不能区分人与动物的不同，甚至不能分别生与死的界限，而是用"万物有灵"和"灵魂不死"来解释一切，认为人的肉体可以消亡，但人的灵魂是永存的，因此，人的死只是摆脱了有形的躯体和改变了住址而已，其他则一切如故。也就是说，人死后，人的肉体腐烂了，但人的灵魂则变为鬼进入阴间继续生活，肉体只是灵魂暂时的依附，肉体的存在与否并不太重要。在这种情形下，人们不可能关注生命的长短。

同时，由于在人类发展的早期，生产力极度低下，原始人的主要食物来源是狩猎和采集野果，同凶猛的野兽作生死搏斗，凭的主要是强壮的体魄，因此原始人一旦年迈体衰，对集体就失去了其价值，原始人过的又是群居野处、漂游不定的生活，根据食物来源的情况随时迁徙，老年人就成了集体的累赘，面对这种情况，尚处于蒙昧时代的原始人形成了吃老人、遗弃老人的习俗。该习俗曾在世界各地的原始民间普遍流行过。英国著名民族学家乔治·彼得·穆达克在《我们当代的原始民族》一书中介绍了大洋洲塔斯马尼亚岛上生活的塔斯马尼亚人，因为"游荡生活的艰苦使对残疾者的照顾成为不可能。因此上了年纪的人，当他衰弱以后，同伴们就留下一点食物而把他们扔下来等死"。日本、印度等都有讲述类似情况的故事流传于世。我国远古时期也曾存在过弃老的习俗，至今民间仍有"花甲葬"、"六十还仓"的说法。如相传远古时代的越人，年龄计算是从六十岁开始的，逐年递减，当老人活到六十岁《即零岁》时，就把老人杀死分食，也有部分老人自动离开群体。流行于鄂西北的《斗鼠记》也说，在很久以前，一位王公认为老人无用，规定凡是六十岁以上的老人，都要送到山上的"自死窖"里，让他们活活冻饿而死。普列汉诺夫在《论艺术——没有地址的信》中对弃老之俗有一段极精彩的论述，他说："原始人杀死老人，犹如杀死小孩一样，不是由于他们的所谓个人，也不是由于缺少世代之间活生生的联系，而是由于野蛮人不得不为自己生存而奋斗的那些条件。"吃老人、弃老人在现代人看来是非常野蛮、残酷的行为，但在初民看来又是"合情合理"的。因为相信灵魂不死，所以原始时代的老人心甘情愿去死，毫无怨言。正如普列汉诺夫所说，"老人借口衰老了，自己坚持要别人把他杀死"，"这时候死于亲近的人的手中，在他们看来是所有灾难中最小的灾难了"。而群体中的其他成员，也认为"杀死非生产的成员对社会来说是一种合乎道德的责任"。也就是说，生产力低下、食物奇缺是出现杀老人、弃老人习俗的根本原因。

随着生产力的逐步发展，大约在新石器时代晚期开始，人们对老人的态度逐渐发生了变化，从弃老转化为对老人的尊敬和爱戴，因为该时期出现了牲畜驯养和原始农业，原始人的生活来源有了一定的保障，并且出现了食物的剩余。如浙江余姚河姆渡遗址，距今约七千年，属新石器晚期，共出土动物遗骨47种，据专家考证，其中的猪、狗、水牛等已属人工喂养；河姆渡时期已有耜耕农业，水稻品种分籼、粳和过渡型三种，发现有80厘米厚的稻谷遗存，可见当时人们的食物已较为充足，为养活群体成员提供了食物的条件。其次，随着家畜饲养和农业的出现，原始人结束了漂游穴居的生活，开始了定居的生活。如河姆渡遗址中就出现了干栏式结构的房屋。生活条件改善了，人们不必整天为生存为饱腹而到处颠簸，因此老人的拖累也不如以前那么明显了。第三，因为生产方式从狩猎采集逐渐向原始农业和家畜驯养的转变，人们获得食物的手段也逐渐从完全凭借体力到同时依靠体力和经验的转变。在需要强悍体魄和力气的狩猎生活中，人到老年，体弱多病，就很难发挥作用；而主要以农业种植为谋生手段的生活中，情形就不一样了。农业种植从某种意义上说主要是凭经验而不是凭体力，既不需要同毒蛇猛兽作生死搏斗，也不需要在狂风巨浪中求生存，而只要掌握农时，不失时机，适时播种、管理、收割，就可以获得较好的收成。因此，在农业民族中，经验的重要性远远超过任何其他因素。而丰富的经验来自长期的实践，需要靠几代甚至几十代人的长期积累。在这种情况下，老年人就显得非常的重要。他们既接受了先辈们的经验，又有自身长期实践的经验，晚辈要想取得好的收成，非得向老年人学习不可。老年人身兼长辈和老师的双重身份，他们向晚辈传授生产技艺、生活经验，讲授天文地理知识，不再是其他成员的累赘。第四，随着人类文明的脚步声，人类的社会形态也在不断发生变化，从氏族公社到氏族部落联盟，从母系社会到父系社会，从群婚制到对偶婚再发展到一夫一妻制，尤其是一夫一妻制家庭出现后，血缘关系逐渐清晰，家庭成员之间的感情成分加强了，出现了父母抚养儿女、子女赡养父母的习俗。在这种情形下，吃老人、弃老人的习俗自然而然退出了历史的舞台。第五，原始人在长期的生产、生活实践中，不断总结经验教训，认知水平也是不断提高的。为了求生存，他们勇敢地探索自然的奥秘，同时也在不断地探索人自身的奥秘，虽然他们不可能超越灵魂不死的思维怪圈，但是已经逐渐认识到人生命的可贵，肉体存在的重要性，开始感觉到死亡的恐惧，并且想方设法（宗教的、巫术的、药物的）延长肉体生命。也就是说，人类的"自我意识"开始觉醒，已经自觉地将"人"从动物类中分离开来，产生了人是万物之灵长的观念。只有在这个时候，人类才有可能真正关注"自我"，关注人自身的生老病死。

从中国的实际情况来说，由于很早就形成了发达的农业，进入了农业社会；再加上至迟至周朝就形成了一套完整的礼仪制度，老人受到了全社会的普遍尊重，祈求长寿的愿望比世界上任何国家都要强烈。我们从许多地下发掘出来的彝器铭文中发现追求长寿的思想在周朝时就已经成为人们的普遍心理愿望，"祈眉寿"、"万寿无疆"等语，几乎是每篇铭文中必不可少的内容。金文中就有多种写法的寿字，《诗经》中更是出现了许多祝寿的诗句，如《豳风·七月》之八：

> 二之日凿冰冲冲，三之日纳于凌阴，四之日其蚤，献羔祭韭。九月萧霜，十月涤场，朋酒斯飨，曰杀羔羊，跻彼公堂，称彼兕觥，万寿无疆。（二之月〈豳历，夏历为十二月〉为奴隶主凿冰；三之日〈夏历一月〉把冰藏

于地窖中，以供奴隶主夏天降温用；四之日〈夏历二月〉
初，用小羊和韭菜祭司寒之神，九月〈同夏历〉开始下
霜，十月打扫场园，一年农事活动结束，人们杀羊饮酒
庆贺，来到主人的公堂，举酒向主人庆祝万寿无疆。）

《小雅·天保》是一首给贵族祝福的诗，共有六章，其四曰：

> 吉蠲为饎，是用孝享，禴祠蒸尝，于公先王，君曰卜
> 尔，万寿无疆。（意译为：善洁的酒食，用来祭祀祖先。
> 一年四季祭祀不断，您公侯的先父将保佑您万寿无疆）

其六曰：

> 如月之恒，如日之升，如南山之寿，不骞不崩，如
> 松柏之茂，无不尔或承。（意译为：您像月亮一样长在，
> 像太阳一样永存，像南山一样长寿，像松柏一样四季常
> 青，您的人们没有不拥护您的）

汉代以后，随着道家"长生"思想和儒家"忠孝"思想的传
播和深入人心，中国人对长寿的追求愈演愈烈，形成了许许
多多以希望长寿为目的的祈寿术。

（二）寿星崇拜与做寿礼俗

为了能使自己长寿，中国古人在长期的历史发展过程中，

形成了许多祈寿术。

1. 神仙赐寿

祈寿术中最主要的是向神仙祈寿，希望通过烧香供奉，掌握不死秘诀的神仙们能够赐寿于人。这类神仙为数众多，主要的有以下几位：

(1) 南极仙翁。

南极仙翁图常悬挂于寿堂中，其形象身材不高，弯腰弓背，手持拐杖，白须飘逸，慈眉善目，头部长而隆起，笑颜慈祥。身旁常有一位手捧仙桃的小孩和仙鹿、灵芝草。他的职责是祝人长寿，保人平安。

南极仙翁的前身是寿星，是古代星宿崇拜的遗存和形象化产物。关于寿星有两种说法：一种认为寿星是二十八宿中东方苍龙七宿中的头二宿，如《尔雅·释天》中说："寿星，角亢也。"郭璞解释说：寿星"数起角亢，列宿之长，故曰寿"。东方七宿为角、亢、氐、房、心、尾、箕，成苍龙形，其中角宿有两颗星，其形似羊角，故名"角"，在东方苍龙七宿中为龙角；亢宿有四颗星，直上高亢，故名"亢"，在东方苍龙七宿中为龙头。现代天文学把角亢归入室女座，角宿一是一等星。在每年五月初傍晚时出现在东方低空，七点以后就很清楚了。另一说认为寿星是老人星。如司马迁认为，在西宫狼比地有一颗大星，叫"南极老人"。老人星出现，治安；老人星不见，兵起。唐代文人张守节对此解释说："老人一星，在弧南（天狼星东南），一曰南极，为人主占寿命延长之应。见，国命长，故谓之寿昌，天下安宁；不见，主人忧也。"《通典·礼门》中也认为："寿星，盖南极老人星也。见则天下理安，故祠之，以祈福寿。"现代天文学把南极老人星归入船底座，是一等以上的亮星，因处于南纬五十度以南，在我国北方不易见到，但在长江以南，确很容易看到，特别是每年二月间晚上八点以后，它出现于南方的低空，周围没有比它更亮的星，特别耀眼。

对寿星的信仰与祭祀历史悠久，如《史记·封禅书》记载，秦并天下，"于社亳有……寿星祠"。《通典·礼门》中说，汉代在仲秋之月，祀老人星于国都南郊的老人庙。唐代朝廷下令"所司特置寿星坛……宜祭老人星及角亢七宿"。明代罢祭老人星，但老人星的传说在民间广为流传，并且进入了戏曲作品之中，使南极仙翁的形象越来越丰满，神性渐淡，人情味加浓，成了一位慈祥的老者，长寿者的象征。在杂剧《群仙祝寿》、《南极登仙》、《长生会》中都有南极仙翁的形象。

不过此时他的打扮是"如意莲花冠，鹤氅、牌子、玎珰、白发、执圭"，既不是光脑袋，也不拄杖。长头大脑门的老寿星大概至明末才定型。

寿星形象的原型是谁，众说纷纭，有的说是彭祖，有的说是陈抟老祖。据汉代刘向《列仙传》记载，彭祖是颛顼帝之孙、陆终氏之子，殷时大夫，"历夏至殷末，八百余岁，常食桂芝，善导引行气。历阳有彭祖仙室，前世祷请风雨，莫不辄应。常有两虎在祠左右，祠讫，地有虎迹台，后升仙而去"。民间相传彭祖活了八百岁，是最长寿的老人。而清代翟灏《通俗编》则说："世俗画寿星像，头每甚长，据《南史·夷貊传》，毗骞王身长丈二，头长三尺，自古不死，号长颈王，画家意或因此乎。然则所画乃毗骞王，非寿星矣。"这些说法都无法确证。寿星形象推测可能是某古代著名画家据某一不知名长寿者形象创作而成，在民众中间流传后约定俗成，逐渐固定下来的。

对寿星的头为什么长而隆起头额，民间有许多解释性的传说流传。其一是说寿星曾在昆仑山学道，拜元始天尊为师。学成后师傅用一聚宝匣打他的头，竟有一道祥光钻入他的头中，从此头发大，前额还长出一个大奔头来。师傅还赐给他一根能降龙伏虎的拐杖，从此他成了福禄寿俱全的南极仙翁。老寿星修炼成功以后，还收下金鹿、白鹤为徒弟，出游四方。所到之处，对善良的人们授以一不贪婪爱财，二不好强生气，三不嗜食贪睡，四不心邪懒惰等作为长寿之道。其二是说寿星母怀胎九年尚未诞生，母亲为此十分着急。问他："儿啊，你为何不出世？"寿星在娘胎里回答说："如果家门口双狮双眼出血，我就出生。"此事给隔壁的一个屠夫知道了，他就用猪血涂在石狮的双眼上，寿星母亲看到了，就告诉了寿星。寿星急忙从母亲腋下钻了出来，由于怀胎年份未足，他的头还未长结实，结果出生时把头拉长了。因为一般凡人是十月怀胎，而寿星要十年怀胎。这些传说都是后人对寿星形象所做的奇异解释，虽然无据可查，却也生动有趣。

　　寿星手中的那根手杖倒是有案可据的。一是年老步履艰难，行走往往要借竹棒等物支撑；二是东汉时期有赐杖之俗。据记载，东汉时仲秋之月祀老人星于国都南郊老人庙，同时举行敬老活动，对七十岁以上老人赐以九尺长的鸠头王杖。（图9）

　　（2）王母娘娘。

　　王母娘娘又名西王母。原是古代神话中的刑杀神和瘟疫神，其形象为半人半兽，《山海经》中有如下记载：

> 西海之南，流沙之滨，赤水之后，黑水之前，有大山，名曰昆仑之丘……有人，戴胜，虎齿，有豹尾，穴居，名曰西王母。

> 西王母梯几而戴胜，其南有三青鸟，为西王母取食。

> 玉山，是西王母所居也。西王母其状如人，豹尾虎齿而善啸，蓬发戴胜，是司天之厉及五残也。

图 9　长寿星官

（江苏南通纸马）

选自叶兆信《中国诸神图集》

　　战国中期由于神仙信仰的崛起，古老的神话经受不住神仙信仰的冲击，逐渐走向了仙化的道路。西王母神话首当其冲。《穆天子传》中的西王母已从半人半神演化为人，虽然她还与"虎豹为群，于鹊与处"，但已带有仙气，与周穆王饮酒交欢，同后来与汉武帝相见的情景相似。与此同时或稍晚的《归藏》中记载的西王母已基本仙化了，"昔嫦娥以西王母不死之药服之，遂奔月为月精"。其中虽然没有记载西王母形象，但她手中掌握使人长生不死的仙药，她的性质已发生了根本性的变化。

　　到了汉代，西王母的神仙属性不仅完全肯定下来，而且形象相当丰满，在《汉武故事》、《汉武内传》、《西王母传》、《别国洞冥记》、《十洲记》等书中都有详细记载。与《山海经》相比，西王母形象发生了以下变化：① 从面目可憎的怪物演化为容貌姣丽的美妇人，"年可卅许，修短得中，天资掩蔼，容颜绝世"（《汉武内传》）；② 从西方之神演化为神仙领袖。《十洲记》中记述西王母居住昆仑山而统辖真官仙灵，位仅次于天帝君。《西王母传》中更明确记载："西王母位配西方，母养群品，天上天下，三界十方，女子之登仙得道者，咸所隶焉。"③ 从"司天之厉及五残"的凶神演化为赐寿降福、化险去灾的善仙。如《易林》中说："稷为尧使，西见王母，拜请百福，赐我善子。"《汉书·哀帝纪》和《汉书·天文志》均记载哀帝建平四年大旱，成千上万的百姓纷纷聚会，载歌载舞祭祀西王母。

把西王母作为祈寿对象自汉代就开始了。如汉镜铭文中说：

> 尚方作镜真大好，上有仙人不知老，渴饮玉泉饥食枣，徘徊神仙采其草，书敝金石西王母。

汉乐府《陌上桑》中也说：

> 驾虹蜺，乘赤云，登彼九嶷。历玉门，济天汉，至昆仑见西王女。谒东君，交赤松，及羡门，受要秘道。爱精神，食芝英，饮醴泉……

此外，《汉武内传》、《汉武故事》中也表明汉武帝既向西王母请教成仙之道，也向她乞求长寿之法。

东汉以后，道教形成。出于弘扬造势的需要，道教徒把神仙人物西王母，配给虚幻的玉皇大帝做夫人，于是成了王母娘娘。

王母娘娘之所以出现在祝寿场合，成了人们祈寿的对象，大概与下列因素有关：

首先，她是女仙之长，又是仙界的第一夫人。中国古人认为神仙长生不死、与天地共存，而且神仙是在凡人的基础上通过内修外炼等法修炼而成的。因此人们认为神仙掌握一整套能使人延年益寿甚至长生不老的方法，向众仙之领袖王母娘娘祈求长寿当然是最有效的了。

图 10　西王母（明代木刻插图摹本）
选自叶兆信《中国诸神图集》

其次，王母娘娘手中有不死药和延寿的仙桃。相传嫦娥
就是偷吃了丈夫从王母那里讨来的不死药而上月球，结果成
为广寒宫中的月亮仙子。《汉武内传》、《汉武故事》都记载西
王母会见汉武帝，王母赐武帝四枚仙桃，武帝吃了仙桃，留

起桃核准备叫人去种。王母笑着告诉他："此桃三千年一生实，中夏地薄，种之不生。"武帝只好作罢。古人一直认为仙桃是长生之药，北魏贾思勰《齐民要术》卷十中说："仙玉桃，服之长生不死。"正出于这个缘故，人们向王母虔诚祈拜，是为的求得这个恩赐。(图10)

再次，民间相传三月初三是王母娘娘生日，每年这天在瑶池"蟠桃盛会"，天上人间众仙欢聚一堂，一面为王母庆寿，一面品尝仙桃和醇酒佳肴。这则传说广为流传，亦出现在元明戏曲中，如《宴瑶池王母蟠桃会》、《群仙庆寿蟠桃会》等，后世影响极大。久而久之，王母娘娘成了长寿的象征，蟠桃会成了民间庆寿活动的榜样。

(3) 八仙。

八仙是指汉钟离、张果老、铁拐李、蓝采和、吕洞宾、韩湘子、曹国舅、何仙姑八位神仙组成的仙人群体。他们的出身不同，有的是风流倜傥的书生，有的是相貌丑陋而心地善良的乞丐，有的是皇亲国戚，有的是一贫如洗的民间歌者；从时间而言，有的出现于唐末五代，有的出现于宋代。尽管有这些差异，但他们代表富贵贫贱、男女老幼各个阶层，他们惩恶除暴、济贫助弱，深受民众喜爱，大约在明代时形成了这个组合群体。

八仙之所以成为祈寿对象进入寿堂，大概出于第一，他们都是善仙，经常为贫苦者做善事，帮助人们渡过难关，或助人成道升仙。如相传何仙姑就是由吕洞宾等七仙超度成仙的。民间称何仙姑原名何秀姑，是一童养媳。她的婆婆好吃懒做、心狠手毒，虐待何秀姑，常遭毒打。一天有七个衣衫褴褛的叫花子上门乞讨，秀姑想烧点饭给他们吃，但又怕挨婆婆打，结果秀姑还是烧了一大盆面条给叫花子吃。叫花子吃完面条走后，婆婆出外回家，发现面缸、油瓶少了东西，责问秀姑。秀姑说了实情，老太婆强逼秀姑去追回叫花子。秀姑含泪把叫花子找回来。老太婆大骂叫花子，要他们还面条。叫花子按原样吐出了面条，随即飘然离去。恶婆婆逼秀姑吃下这些面条，秀姑刚要准备吃，面条一碰手，立即不见了。秀姑陡然身子离地升空，朝叫花子方向飘去。此时只见半空中云头上，站着七个叫花子和秀姑，一道朝东南方向飘去。原来就是吕洞宾、汉钟离等七仙，装成叫花子来度秀姑成仙的。八仙能度人成仙，让其加入祝寿的行列，也就富有了特殊意义。

第二，明代时出现了许多八仙庆寿戏，八仙身价从此倍增。如明代周宪王朱有燉在其《蟠桃会八仙庆寿》自序中说："庆寿之词，于酒席中，伶人多以神仙传奇为寿……故予制《蟠桃会八仙庆寿》传奇，以为庆寿佐樽之说，亦古人祝寿意耳。"这个传奇叙及三千年结一次果的蟠桃成熟，西王母欲招福禄寿三星及八仙人开蟠桃会，乃遣金童玉女迎八仙。先吕洞宾和汉钟离相约赴会，其次蓝采和一人，四周围顽童，打拍板唱着赴会。顺次曹国舅和张果老、徐神翁、李铁拐和韩湘子，先后赴会。金童玉女捧蟠桃，先导西王母及福禄寿三星临场，吕洞宾导八仙至，香山九老亦至。福禄寿三星及吕洞宾各奉寿词，另七仙汉钟离献紫玉如意，张果老献千岁韭，蓝采和打拍板而舞，曹国舅献面一盘，李铁拐献铁拐，韩湘子献牡丹花，徐神翁献葫芦（当时八仙尚未定型，故有徐神翁而无何仙姑）。众仙蟠桃祝寿完毕，共赴瑶池宴会。载歌载舞，热闹非常，用意在于祝祷王母多福长寿。正是因为戏曲传说中八仙曾为王母祝过寿，所以在寿堂中悬挂八仙庆寿图，唱八仙祝寿歌，演八仙庆寿戏，是有其来由的。(图11)

图 11　选自中国书店《吉祥图案》

历史上用八仙祝寿的事例不少。清康熙五十二年（1713年）三月十八日皇帝过六旬大寿，张灯结彩，竞演百戏，给臣民游观。其中就有《群仙庆寿蟠桃会》、《瑶池会八仙庆寿》等戏。民间流传的八仙故事中，也有一些八仙参与凡人贺寿的作品。吕洞宾"云门献寿"故事就是其中之一。

相传古时青州衡王过五十大寿时，来了一位乞丐样的不速之客，衡王为了把他轰走，想借众显贵来宾献寿礼来羞辱他。这个献上金塑的"金鱼（玉）满堂"，那个送来金雕的"鹿鹤（六合）回春"，还有飞龙、卧虎、走麒麟等等金兽（寿）……这时衡王瞟见那怪客稳坐在首席上，没什么表示。管家向他索寿礼，他撕下一片衣襟，蘸酒向南空划了几笔用手一指说："礼品在山上！"果然南山上顿时显出了一个高大的"寿"字，如同夜明珠一般发着光芒。

衡王见状高兴得恨不得把那"寿"字搬到大厅里，客人凑趣说，这是寿比南山！众人赞叹时，怪客却不见了。这时有位客人忽然喊了起来："嗳呀呀，刚才那怪客正是仙人吕洞宾呀！'礼品在山上'正是个字谜——'品'在'山'上，该是个'嵒'字。吕洞宾正好名嵒，号纯阳子，准是他，不会错！"众人恍然大悟。这时突然有人发现那个大寿字上缺最后的一个点儿，那不是在说衡王缺一点寿吗？衡王一听气得跌坐在椅子里，当下命人追回吕洞宾。吕洞宾答应为"寿"字加点，添加寿。吕洞宾脱下破褂，往酒缸里搅了搅，大喝一声扬手将衣服向南山扔去，嚓！"寿"字的一点添上了，而且突然变成了金色。客人哪里会想到，自己给衡王送的金制寿礼，都让吕洞宾给化在酒里涂在"寿"字上了。衡王一听气绝倒地，享完了最后一点寿，死了。

这个大寿字，高达七米半，至今还留在青州城南的云门山上。据说寿字的光一直向北照到八十里以外，那里就是今天的寿光市。

(4) 麻姑。

为女寿星做寿，民间时兴在寿堂中悬挂麻姑献寿图。《破除迷信全书》卷九中说："世俗既迷信这些事，也以为麻姑是长生不死的神仙，因此每逢为妇女祝寿时，就必写来麻姑献寿数字，或是绘来麻姑的形状，手捧蟠桃，以为祝寿的吉利。"麻姑之所以成为祝寿的信仰对象，与下列二方面有关：

一是麻姑长寿。麻姑最早出现于东晋葛洪《神仙传》中，是位漂亮的姑娘，其貌"年可十八九许，于顶中作髻，余发垂至腰。其衣有文章，而非锦绮，光彩耀目，不可名状"。但她自言"已见东海三为桑田"，还说现在的海水又浅于旧时一半，预言将来还要变为陆地。"沧海变桑田"一次，时间不知历经多少万年，而她已见到三次半，可见她的年龄是难以估算的了。

二是她为王母娘娘祝寿。流传有《麻姑献寿》戏和《麻姑献寿图》。相传三月三日王母生日时，各路神仙齐来贺寿。百花、牡丹、芍药、海棠四仙子采花，邀麻姑同往。麻姑在绛珠河畔以灵芝酿酒，献于王母。(图12)

图12　选自中国书店
(吉祥图案)

以上两方面，是促成麻姑在民间信仰中成为女寿星和祈寿对象的主要因素。

(5) 偷桃的东方朔。

东方朔是汉武帝时的侍臣和方士，自言是隐于人世的仙人，其行为怪诞，汉时就以为他是谪仙人。他也常常混迹于

人间祝寿场合，其原因是与他三偷仙桃有关。据《汉武故事》
记载："东郡送一短人……召东方朔问。朔至，呼短人曰：
'巨灵，汝何勿叛来，阿母还未?'短人不对，因指朔谓上曰：
'王母种桃，三千年一作子，此儿不良，已三过偷之矣。'"他
的偷桃行为，虽不正派，但后来却赢得了希望长寿的人们的
青睐，宋金时犹有"东方朔偷桃"内容的版画流传。（图 13）
民间祝寿也因之把他列入祈寿行列，是意味着请他偷个仙桃
给寿者延年。

图 13 东方朔盗桃（南宋）

2. 做寿——祈寿的民俗

长寿，人人所企盼。家中晚辈为了能使父母或爷爷奶奶能够长寿，更是不遗余力，每年在长辈的生日这一天定期举行祝寿的仪式，这就是中国极为盛行的做寿民俗，其目的只有一个：为长辈消灾除病，祈求健康长寿，成为一个长命百岁的有福之人。

(1) 做寿的时间。

按照中国的传统说法，为四十岁以下人的生日而举行的活动叫做生日，为四十岁以上人生日举行的庆贺活动叫做寿。当然这只是大致而言，在各个历史时期和各个地区有所差异。如中国古代到五十岁才称做寿；山东泰安地区人从六十六岁才开始庆寿；有的地区则不论年龄，非要添了孙子，做了爷爷，留下胡子，才可做寿。做寿是儿孙对老人孝心的表现，随着老人年纪的增大，做寿的仪式也越趋隆重。

做寿活动一般每年的生日都要进行，但平时大多比较简单（官宦人家和大富人家除外），通常限于家庭内部，大家相聚吃一碗寿面，晚辈向寿者祝寿一番即可。而逢十和其他重要的关口，如六十六、八十三岁等，则普遍较为隆重，不仅家庭成员要庆贺，而且亲戚朋友也要前来贺寿。

在中国古代，每个年龄档次的做寿活动都有不同的称谓。

五十岁称"艾寿"。出自《礼记·曲礼上》："五十曰艾。"孔颖达疏曰："发苍白色如艾也。"《方言》第六说："艾，长老也。东齐、鲁、卫之间，凡尊老谓之叟，或谓之艾。"汉代桓宽《盐铁论》中也说："五十以上曰艾老，杖于家，不从力役。"说明古时五十岁时已经头发苍白，走路时要用拐杖，不宜再从事体力劳动，该在家休养了。又因五十正好是一百的一半，所以五十岁的寿诞相当隆重。

六十岁称"花甲寿"、"贺六十"。因为我国古代按十天干、十二地支相配纪年，六十正好是天干地支循环一次，意义特别重大。宋代范成大有诗云："行年六十旧历日，汗脚尺三新杖藜，祝我剩周花甲子，谢人深劝玉东西。"

七十岁称"古稀寿"。杜甫《曲江》诗云："酒债寻常行处有，人生七十古来稀。"在医药卫生条件较为落后的中国古代，人的平均寿命只有四十来岁，能活到七十岁的很少见，所以七十岁老人是稀有之宝了。七十岁以上的整十岁寿诞极为隆重。

八十岁称"庆八十"、"八十大寿"。古人又称"八十九十曰耄"（《礼记》）。

八十八岁称"米寿"。因为"米"拆开来正好是八十八，故有此说。

一百岁称"期颐"。《礼记》云："百年曰期颐。"陈皓《集说》解释说："人寿百年为期，故曰期；饮食居处动作无不待于养，故曰颐。"古时百岁老人是极罕见的。今天随着生活水平的提高和医疗保健事业的发展，百岁老人已不算稀奇。

为老人举行贺寿活动，在时间上，民间习俗每有"抢寿"之举，也就是要提前做寿，五十岁在四十九岁时做，六十岁在五十九岁时做，以此类推。尤其是一百岁大寿，必须在九十九岁时做，否则就有损寿之忧。因为中国古代流行"满招损"的观念，"一百"意味着"满"、"顶点"，也就意味即将"亏损"、"跌落"，即死亡的来临。

做寿具体时间的安排，一般在寿翁生日这一天举行（旧时以农历为准，现在一般以公历为准），视做寿的规模大小，有的只有一天，有的则延续四五天甚至十几天。

在做寿活动中，时间的选择方面有许多约定俗成的规矩。不为家中老人举行贺寿仪式，会被邻里视为不孝而遭到非议，同样也不是每年都可为老人做寿、不是每个老人都可举行做寿仪式的。在历史的发展过程中形成了许多禁忌，人们必须自觉遵守，否则就是违俗。这些禁忌熔化在民众的民俗观念中，代代相传，至今仍有一定的影响，如庆九不庆十、贺三不贺四、"硬命"忌做寿等等。

(2) 寿堂的布置。

寿堂是寿诞仪式的活动中心，尽管因各个家庭的经济情况、社会地位不同而有所差异，但在传统寿诞仪式中以下几个要素是不可缺少的：

① 摆设寿桃、寿面，点燃大寿烛，象征长寿，烘托祝寿的气氛。

② 铺设拜垫，供晚辈及亲朋好友贺寿之用。

③ 以红色为布置寿堂的主色调，寿烛用红色，供桌及寿翁（寿婆）的坐桌皆披大红桌帷，有些原本非红色的东西如寿面、蜡烛台也要包（或贴）上红纸，以图吉祥。

④ 供奉神灵（或偶像，或图画，或神马）。因为在俗民的观念中，人的寿命是由神灵掌握的，只有得到他们的护佑才能安享永年；有些神灵虽然没有掌握生命的大权，但他们有使人长寿的手段，因此人们相信他们能够赐福赐寿，把他们供奉在寿堂中表现了人们希望长寿的美好愿望。做寿活动中供奉的神灵很多，主要有南极仙翁、王母娘娘、八仙、麻姑、

东方朔等。

（3）贺寿。

旧时贺寿时间长短不一，一般为一天，有的长达五六天。先是"暖寿"。寿辰前一天，晚辈及直系亲属呈献寿礼。接着寿诞日家属祝寿。老寿星端坐供案旁（男左女右），家中儿女及孙辈依次跪拜叩首贺寿，讲一些祝愿老人的吉祥话，如"身体健康，长寿百岁"、"福如东海，寿比南山"，等等。

亲戚朋友贺寿也有规范礼仪。旧时贺寿，如果平辈，受贺者应站起用搀的动作，表示请对方免礼；对未成年的小孩的叩拜，受贺者还须适当给些钱。当贺客前来贺寿时，受贺者的晚辈（儿孙）要在一旁还礼答谢，叩首或鞠躬。

拜寿完毕，摆寿宴，同吃"长寿面"，富裕人家届时还请戏班演戏，助兴贺寿。

有的地方祝寿结束前还要祭神。旧时北京地区，堂会结束后齐聚寿堂，祭祀福、禄、寿三星或麻姑。早年祝寿祭祖时，讲究的人家还赁来灯盘，蘸香油点燃灯花。灯花儿的数目按着"寿星老儿"的岁数计算，一岁一盏，但要增加两盏，一盏谓"本命年"，一盏谓"增寿年"。先由老寿星上香，接着由他的儿女以及众亲友依次行跪拜礼，最后每人托一灯盘，列队"送驾",叫"送灯花儿"。至大门外,将神码、敬神钱粮焚化,以示庆典始告结束。

以上是拜寿的全过程。在具体操办时是环环相扣、融为一体的。《红楼梦》第七十一回中叙述贾母八十大寿时有具体描写,可见景况。

(4) 寿宴。

中国人讲究吃,形成了丰富多彩的饮食文化。做寿习俗中的特色饮食是面条。用作寿宴中的面条,长可达七八尺,不可切断,寓意长寿。吃寿面各地还有约定俗成的规矩,如浙江遂昌山区,宾客第一筷面条要放入席上一空盘中,称为寿翁(婆)"添寿",否则为"抢寿";贺客吃第二筷面条时,先要用筷挟面条在碗里画个圈,称为"画寿",其意代表写个寿字,是对寿翁(婆)和自己的祝福。

做寿吃寿面,在我国各地流传非常广。在某些农村中,为家中老人做寿,不仅家人、贺客要吃寿面,而且还要给全村每家每户送一碗寿面。寿宴无论排场大小,第一道主食必定是寿面。

寿筵上,无论是菜的件数还是菜的名称皆讲究吉利和寓意长寿。如在我国民众观念中,三、六、九是不定数词,往

说　福 \ 71

往含有多的意思。寿筵上的不少菜名多暗合三、六、九，如
"三鲜（仙）汤"、"挂炉（六）烤鸭"、"韭（九）黄鸡丝"、
"罗汉（十八）大会"、"重阳（九九）糕"等。还有一些菜名
如"八仙过海"、"麻姑献寿"、"鹿鹤同春"、"寿星罗汉"、"福
如东海"、"寿比南山"等等，则与长寿有关。如同寿堂上充
满"寿"气布置一样，寿筵上吃的也须具有"致人长寿"的
意味。

（5）祝寿贺礼。

老年人做寿，亲朋好友要敬奉寿礼以示庆贺。富裕人家
的寿礼不外是金银宝器，价值昂贵。一般家境的人家，所送
寿礼当然没有这类东西，不外是朴素的风俗象征，如苏州地
区，时兴寿诞送寿桃、寿糕、寿面。糕的面上饰以松鹤延年、
老寿星、梅竹对花等图纹，其数量与做寿人的年龄相等，须
成双配对。比如五十大庆，送五十只寿桃、五十块寿糕，以
此类推。

山东莱州地方，出嫁的姑娘回娘家为父亲祝寿，必须做
祝寿饽饽一摞（五个），然后再加一个，合共饽饽六个，一摞
五个祝寿，另外一个供"寿星"（见《山东民俗》）。

宁夏青涧地区有一种为老人做的寿辰礼馍。依桃子和人

手的形状捏做寿桃、佛手（取福寿之意）面馍二十四个。祝寿仪式上，所有子孙后代、亲戚好友各家都来献上这些礼馍，将其陈列于供桌上，一同敬祝老人健康长寿。

浙江东阳地区，每逢父母逢十大寿，女儿除担粽及衣料鞋袜外，还担酒、送寿对寿轴。其亲戚也多有礼相送。主家也大摆酒席，宴请宾客及族亲邻里（见《东阳风俗志》）。义乌地区的贺礼为鞋、袜、面、蛋，蛋数按寿星年龄加十，还要送寿联、屏轴、现金，向寿星祝贺千秋（见《义乌风俗志》）。永康地区每逢五十和六十寿辰，要杀猪宰羊，下帖请宴。富庶人家还要请戏班演戏，贺者送寿酒、送衣料、担寿轴（见《永康风俗志》）。磐安地区，六十岁方可称寿。做寿前发请帖。亲戚朋友接到请帖，要担酒或担"花袱担"前来祝寿。女儿则要担棉鞋、挂对，阔气点的还要送帖上金色"寿"字的寿幛以及写上一生事迹的"寿轴"等（见《磐安风俗志》）。开化地区贺礼以蹄髈、面条为多。篮里要放柏枝。女儿辈贺礼尤丰，至少要六色，中有联轴，联词普遍是"福如东海，寿比南山"（见《开化风俗志》）。金华地区的贺寿礼物包括蟠桃、寿面、黄酒、衣帽、粽子等（见《金华市风俗简志》）。

旧时北京地区的贺寿礼主要有以下七类：

① 用红封套装上现金，上书"贺敬×元"。② 寿幛。以红色为主质地不同的、长一丈二尺的幛料上，绷有红纸金纹的四个幛光，上书贺词，如"华封三祝"、"仁者有寿"、"贵寿无极"（男），"婺宿腾辉"、"蓬岛春霭"、"寿域开祥"（女）。③ 寿联：多以装裱好的红色对联为主，自撰祝词，例如"九如天作保；五福寿为先"（男）、"麻姑酒满杯中绿；王母桃分天上红"（女）。此外，还有送"寿"字、"百寿图"、松鹤、野鹿、麻姑、寿星、八仙等字画者。④ 镌有祝词的银炉、银鼎、银盾、金银首饰等。这些需到银楼订制，属较为华贵的高级礼品，照例要被陈列于寿堂两旁的礼案上。⑤ 绸缎尺头、衣料、古玩、玉器、文房四宝等。⑥ "寿桃"、"寿面"、中外名酒（"寿酒"）、应时糕点、茶叶、果筐、花篮等。⑦ 蜡票（凭此可至蜡铺领取与票面相等的蜡烛）、礼券等。

以上这诸多寿礼中，唯有寿桃、寿面、寿糕（馍、馎馎）、寿轴（寿幛）该是比较普遍的了。

祝寿赠送寿桃，一般认为与西王母有关。送寿桃的来历各地还有不同的说法，如中原和豫北地区就认为此俗与孙膑有密切关联。有个故事说：

战国时，齐国的驸马孙操的小儿子孙膑，十八岁离开家，到千里之外的云濛山（据豫北人说即今新乡市北郊太行山中塔岗水库北的云濛山）水帘洞，拜鬼谷子为师学习兵法。一去十二年没有回家，也没有写封家信。老母亲不知他在外面是否饥饿寒苦，是死是活，十分挂念。

有一年五月初五这天，孙膑猛然想起今天是老母亲的八十岁生日，心里寻思：乌鸦十八日反哺母娘，羊羔吃奶跪乳，这些禽兽还知恩达礼，我却十二年未报母亲养育之恩，便向师傅告假回家探母。

鬼谷子听了摘下一个桃给孙膑，说："这桃是不轻易送人的，你在外学艺未能报效母恩，我送你一个带回去给令堂上寿。"孙膑接过桃就辞别师傅匆匆上路往家赶。

这天，孙府张灯结彩，宾客满门，大摆酒宴为老母庆寿。来贺寿的文武官员亲戚朋友走后，老母亲见合家男女老少都为她敬酒，唯独少了一个孙膑，心里一阵难过，泪水纷纷滚下，放声大哭。边哭边说："孙膑呀，你为何不念娘十月怀胎之苦，怀中抱，洗尿刮屎三年的养育，去云濛十二载断无音讯……"全家人知道老母亲在想孙膑，一齐上前施礼安慰。孙龙孙虎说："娘，三弟舍家学艺，志在卫国，他不在，你身边还有俺两个侍奉你哩，莫想他劳累了身体。"

一家人正劝慰老母时，家人慌张来报："老太太不必忧虑，三少爷回来了。"孙膑见哥哥嫂嫂迎出门外，连忙曲身打躬，拉着孙龙孙虎的手回去拜见母亲。

老母亲擦擦昏花的泪眼，把孙膑从头到脚看了一遍。孙膑见母亲又喜又怨，说："儿在外心连故土，只是山高路远，隔山隔水难通书信，我有心回来探望老娘，又恐怕耽误学艺不敢脱身。"孙膑从怀中掏出一个鲜桃，双手捧到母亲面前说："今日告假回来，师傅送我一个桃孝敬母亲。"

老母亲接过桃，就咬了一口，品着味儿说："这桃儿比冰糖蜂蜜强十分。"桃还没吃完，老母亲容颜忽然改观，雪白银丝变成如墨青丝，昏花两眼变得十分明亮，掉了的牙又重生出，脸上苍老的皱纹一扫变成娇嫩皮肤，弯曲的腰又直挺，走路不用拐杖。全家老少见状，人人惊得欢天喜地，都说这个桃是仙桃，老母亲吃下仙桃从此长寿了。

豫北的人们听说孙膑的母亲吃了孙膑从云濛山带回去的桃变年轻，也想叫自己的父母健康长寿，多享几年福，所以就在父母生日时，送上鲜桃祝寿。如逢冬春初夏没有鲜桃应市，人们就用面粉做成寿桃，蒸熟了送给父母拜寿。这个风俗随之传遍了中原地带，一直流传到今天。

贺寿送寿面，该是取其"长"的象征意义，以兆圆满长寿。许多地方的寿俗煮面时不可切断。如浙江永康"索面长达七八尺，烧时不切断"；武义的"长寿面为鸡蛋面，面条不能折断，每碗两个鸡蛋"（见《武义风俗志》）。

关于贺寿送寿轴（寿幛），瞿宣颖先生认为是始于两宋。他在《中国社会史料丛钞》中汇集了这方面的资料。

朱彧可谈云："近世长吏生寮佐画寿星为献，例只受文字，其画却回，但为瞻礼而已。王安礼自执政出知舒州，生日属吏为寿，或无寿星画者，但由他画轴置绣囊缄之，谓必退回。王忽令尽启封，挂画于厅前，标所献人名其下，良久引客燕香，共相瞻礼，其间无寿星者，或用佛像或用神鬼，唯一兵官乃惶白画一猫，既至前惭惧失措。"

系年要录云："绍兴二十六年闰十月壬寅，诏内外见任官因生日受所属庆贺之礼，及与之者各徒三年，赃重者依本法。自秦桧擅权，四方皆以其生日致馈，其后州郡监司率受此礼，极其僭侈，太学录范成像面对以为言，故言法。张江陵时始盛行幛词，见《万历野获编》。既而益趋简便，废词而用幛，即今之寿幛所由来。若追其朔，则又两宋画寿星之遗意也。"

此外，还有一些特殊的寿礼。如贺寿者大家出资为寿星出书或出一本纪念集子。如近代上海闻人李平书坚决不让子女亲朋为其做七十大寿，提出三条理由："余今适值七十岁，差幸腰脚尚健，饮啖如常，厕之少年之列，不形老朽之态。余方不自以为老，而人欲古稀寿我，不敢承者一。祝寿之举，古人不以年龄之整数行之。近世逢十则庆，庆必制屏，其人稍有可称者，形容辄过其量，其人一无可称者，亦必藻饰连篇。殊不知受者稍有天良，反生惭恧。余无功德，前此既蒙虚誉，何再增渐，不敢承者二。当六十岁时，两弟诳余腾出贞吉里赁屋，设寿堂，排筵席，劳费戚友。致明年变生意外，亡命东瀛。今若蹈此覆辙，将欲我跋涉西洋耶？不敢承者三。"最后他提出如果大家一定要为我破费，就出资为我出一本书作为纪念。于是就自费出版了《李平书七十自叙》一书。

当今音乐界流传着一件趣事：闻名海内外的著名音乐家喻宜萱先生，八十寿诞之际，得到了一份意外礼物，就是她的十几位学生集资出版的纪念专集《我与音乐》。喻宜萱先生早年曾于美国康乃尔大学研读音乐，四十年代，她以独具一格的抒情风格在欧美举办了数十场独唱音乐会。此后，她归国从事音乐教育工作，成为中国西洋唱法最有影响的创始人之一。几十年来，桃李满天下，其中不少人成为音乐演唱和教学的栋梁之材。如著名歌唱家李双江，中央音乐学院声乐系主任黎信昌等人便出自她门下。这次八十大寿，她的学生和音乐界的一些热心人，早就张罗着为她举办庆祝活动，但她婉言谢绝。

久沐授业恩师所赐的李双江等人，始终想为自己的老师献上一份有意义的礼物。经过再三考虑，他们商定出版一本纪念专集。一来可以让世人知晓喻先生的道德文品；二来可以使老师数十年宝贵的教学经验得以流传。为此李双江等人动用自己的积蓄筹集了上万元资金，另外也动用了自己的影响寻找支持音乐和教育事业的知音。通过一个偶然的机缘，这桩事得到了某一出版社的慨然允诺，这本书终于赶在喻先生九月六日生日前印制出来送到她面前。书中除收集了喻先生几十位学生感情真挚的纪念文章外，还将喻先生的生平经历、图片、学术文章悉数收录。

贺寿送礼，不在于礼之轻重，而于"礼"之意义，能满足表现晚辈子孙、亲戚朋友对老人健康长寿的良好愿望。历史上有关贺礼的趣闻轶事不少。

　　相传明代文学家、书画家徐文长的岳母六十寿庆时，亲朋好友挑着、抬着、捧着各色各样贺礼前往庆贺。可徐文长夫妻俩却只带了文房四宝——笔、墨、砚、纸前去。徐文长当众展纸研墨，挥毫画了一幅上有白鹤展翅翱翔，下有乌龟活灵活现的画。宾客和岳父母见画上的乌龟都张口结舌，十分尴尬。这时徐文长挥笔在画的右上方题了八个大字："仙鹤神龟，同庆寿星"。至此，众宾客才恍然醒悟，惊呼"奇才妙手"。

　　接着，徐文长又写下"这个女人不是人"八字，众人转喜为怒；徐文长环顾四周，又接着写"本是神仙下凡尘"，宾客放下心来，大家正欲鼓掌庆贺，只见徐文长笔锋一转，写下"养个儿子是个贼"一句，众人目瞪口呆，徐文长瞅着愤怒的小舅子，落笔结句"偷得蟠桃献母亲"。顿时，寿堂上欢声雷动。众人一致公认，徐文长的寿礼最为珍贵，最能博得老婆婆的欢心。大家立即将画挂在寿堂中央，把寿联悬于"龟鹤图"的两旁。这就是著名的"徐文长寿礼哄堂"传说。

　　老人逢寿诞，晚辈及亲朋好友送寿礼，表示祝愿老人健康长寿，本是人之常情，也是中华民族尊老爱老美德的一种表现。但利用贺寿送礼习俗，贪官污吏进行搜刮钱财，则是

一种不良的社会风气。"长吏生日，献物称寿，其风始于两
宋。"可见这种风气已是历史久远。因此在民间留有不少借做
寿搜刮钱财的故事，这些也就都失去生日送寿礼的真正意
义了。

（三）奇异的祈寿术

1. 借寿

中国古时有借寿的习俗，是一种为了延长病人生命的习
俗。胡朴安在《中华全国风俗志》下篇卷三中就记载了江苏
地区的民间借寿情况：

如果有人重病不起，求医吃药皆无效，家人和亲友便认
为他寿数已到，为了挽救病者的生命，亲戚朋友中的一些最
要好者密谋举行借寿活动。其办法是亲戚朋友中自愿借寿者
悄悄相邀十人，然后一起到寺庙中烧香许愿、求神拜佛，表
示各自愿意献出一年的寿命给生病者，祈求神灵延长病者的
寿命，让病者痊愈，得以料理家中未处理完的事。如果病者
真的从此好起来了，全家及借寿者还要到寺庙中谢神还愿；
要是病者死了，借寿者也要到寺庙中烧香，向神灵说明病者
没有接受他们的借寿，向神灵要回未曾献出的一年的寿命。

2. 按丧事形式做寿

有的富家老年人，想在有生之年看看自己的后事，于是采用红事白办的形式。寿诞之日，门前扎上大红彩球或搭建花红彩牌楼，设大锣鼓架等鼓乐，红缎绣花的鼓围子不挂白帘（即不戴孝）。院内高搭寿棚，棚内北房前搭月台，上设礼案，男供寿星，女供麻姑。四面高搭经台，用番（喇嘛）、道（道士）、禅（和尚）、尼（尼姑）或男女居士等轮流念"寿经"，谓之"祈建增福延寿消灾解厄吉祥道场"。

旧时，北京糊纸活的冥衣铺，其门前招牌上写着"寿生楼库"。据说，楼库（即一楼二库之简称）这种冥器，主要是给老年人办寿时"预修冥府"用的，其次才是给亡人用的。当念寿经道场圆满送圣时，要举行焚库。即将糊红色的一份"寿生楼库"四只装有纸钱的墩箱或杠箱，或纸糊的金山、银山、尺头桌子。四香花盆等，贴上"天上寄存"字样。由鼓乐前引，僧道送至附近广场焚化。意为未死之前即先建冥府。此即谓焚烧"楼库"，"预修冥府"。

3. 按佛事形式做寿

寿堂上供本人"长生禄位"（红纸牌位）。棚上挂四筒经幢，经坛正面高悬"三世佛"（即释迦牟尼、药师、阿弥陀）大幅画像，代替寿星、麻姑等画像。念寿经通常为一个白天。寿经即《药师琉璃光如来本愿功德经》，也称《消灾延寿药师经》。念寿经的仪式是：僧众或优婆塞（男居士）拜座，先举《香赞》，如《炉香乍热》、《戒定真香》或《清静妙香》；三称"南无本师释迦牟尼佛"圣号后，念《开经偈》，然后三称"南无药师会上佛菩萨"（也有三称"南无消灾延寿药师佛"者），随即合诵《药师琉璃光如来本愿功德经》。念寿经，也有送疏仪式，通常由办寿人的晚辈捧着疏，送到大门外焚化。开坛时送一道疏，给佛陀耶；交供时送一道疏，是给达摩耶；圆满时送一道疏，给僧伽耶；送圣时那道疏给消灾延寿药师佛。这种形式以素席招待来贺亲朋好友，以示谨遵佛教戒律，戒杀戒酒。来贺者亦参加其礼佛仪式，谓之"随喜"。

4. 禳解与过关

人生虽然短暂，但中国古人出于崇神和迷信心理，认为一个人在人生旅途中有许多关卡和劫难，需要禳解才能过关，否则就有船翻人亡的危险。对关卡的说法各地不一，比较普遍的说法有：① 五十五岁，俗称"人活五十五，阎王数一数"；② 六十六岁，有"六十六，乱刀斩"的说法；③ 七十八、八十四岁，有"七十三、八十四，阎王叫你商量事"、"七

十三、八十四，阎王不叫自己去"之说。考这四大关，一是
人到了五十岁以上，身体机能开始下降，有的则体弱多病，
死亡的因素增多，因此具有一定的道理；二是与谐音有关，
"六"与"落"谐音，"落"意味着死亡，两个"落"相加当然
是太危险了。"七十三"谐音"拆散"、"凄散"，"八十四"谐
音"包死"，把他们当作人生关卡当然是确信无疑的了。④ 过
"九"关。分为"明九"与"暗九"之说。明九是指带九字的
年龄，如四十九、五十九、六十九、七十九等；暗九是指九
的倍数的年龄，如五十四、六十三、七十二、八十一等。各
个关卡都需禳解，禳解的办法有多种，概括起来有以下几
方面：

（1）各种关口独特的禳解方法。

过五十五岁关口。旧时北京地区在做寿过程中，要给主
管人间寿夭的"十殿阎君"写一道祈求增福延寿的表文，用
黄纸叠成大疏，祝寿活动结束后焚化。同时，还要将一些现
钞扔于街上（有扔灾之意），任人拾去，说是谁拾去，谁就为
本人消灾了。办寿那天，照例要由媳妇的娘家人，如老丈人、
老丈母娘、大舅子、小舅子给买一条红布裤腰带扎上，认为
可以消灾避祸。

过六十六岁关口。上海地区的习俗是由女儿买一刀肉（约一斤左右），把肉切成六十六小块，让父亲（或母亲）一餐吃完。意为乱刀已砍在肉上，就可逢凶化吉了。浙江各地也有此俗：用精肉切成六十六丁块，用酱油蒸熟，于寿辰前一天由女儿（或侄女）烧制。寿辰之日，敬天一块，敬地一块，其余六十四块让父或母吃。河北省的一些地方如耿村，每逢父母过六十六大寿，闺女们要送上一刀肉。这刀肉不能两刀割，买时也不能称，一般在一至三斤之间，姐妹多的可少些，独生女可多些，没有女儿可由侄女代替，俗言"一刀肉，活个够"。但这刀肉不需切成六十六块。此外，如果为父亲庆寿，闺女要送父亲一条红腰带以避邪；为母亲庆寿，则须送一件红布衫以消灾。以肉代人受过、以红腰带红布衫去邪消灾，这才能顺利过关。北京地区称"人活六十六，不死掉块肉"，因此如果是腊月前生日，暂时不办。等到腊月自己家宰了猪、羊或买些猪、羊肉，拿到街上散发给过路的穷人，这样意味着已经"掉"了一块肉，就免除了真的"掉肉"（指遭受意外的天灾或疾病）。做寿时，如果有女儿，要由女儿给买一条红布裤腰带扎上，避邪消灾。

七十三、八十四岁是大的关口。旧时北京地区每逢这两个生日做寿。有钱人家要大办三天，第一天为庆寿，第二天（正日）为诞辰，第三天为祝寿，在正日还要举行一个礼佛仪式。因相传"孔圣人活了七十三岁，佛祖活了八十四岁"，自己与圣人或佛祖同寿，所以要礼佛请僧众念寿经。

过"九"关，旧时通行要穿大红色衣服（一般是内衣），还要系红腰带，镇邪过关。

(2) 行善事。

俗信认为行善积德延年益寿，损人利己减岁折寿。因此逢厄年（关口）的老者尤其注意行善，做一些修桥补路、扶弱济贫的公益事。这样掌管寿命长短的阎罗王就会让他顺利过关，延长寿命。这种俗信在民间传说中有大量反映。如流传于江苏盐城的《生死簿上添了寿》，讲述了这样一则故事：

从前有个叫陈龙的放粮官，因思念死在洞房中的妹妹，这天借放粮出外散散心，来到半边阳界半边阴界的盐州府。陈龙误闯入阴界，见到了妹妹，原来妹妹是被扭头夜叉掳来的。陈龙在此见到了生死簿，上面赫然写到陈龙某天某时死，屈指一算赶到家时就得死。陈龙在回家途中看到一条大河，没有架桥，行人很不方便，就慷慨捐献十石紫金子，请人造桥。行船路上，又听到有婆媳两人在大哭，派人打听知道老太的儿子因赌钱，输光家产还把老婆也输掉了。陈龙很同情他们，给了不少碎金碎银帮还赌债。陈龙到家向父母说自己死期已到，就躺在停尸床上等死。不知何故，过了时间仍未死。陈龙又来到盐州府找扭头夜叉，扭头夜叉说他的寿命已增加了二十五年。原来因为陈龙做了二件大好事，阎罗王给他添了寿。这类故事在民间流传，无形之中增强了行善与长寿之间的某种神秘联系，因之俗民也就越加相信行善能够延寿的事了。

　　(3) 做功德。

　　除了日常注意行善积德做好事外，做寿时也要做功德，如诵经礼忏、烧香祷告、庙产施舍、抄写经卷、放生等。旧时北京有钱人家做寿，为了当着来贺的众亲友标榜自己慈善积德，同时也显示办寿事的排场隆重，不惜重金买鸟放生。这时，卖鸟的与众贺客一齐都来给"寿星"请安，谓"您多功德啦，您多修好，您多福多寿"！据说，北京八大宅门之一的麻花胡同继宅，清代内务府大臣继子寿，每年做寿，到庙会鸟市，收买各类鸟雀近千只；到市场买活鱼数百尾，以及虾、螺、蚌等水族动物无数，尽数放生，以此为善事，以此企求增福延寿。《红楼梦》第八十七回中描绘："老太太因明年八十一岁，是个'暗九'，许下一场九昼夜的功德，发心要写三千六百五十零一部《金刚经》。"其用意是相同的。

(4) 拣佛头儿等。

有些象征性行为形同儿戏，因为带有信仰与禳解的含义，所以做起来就非常认真。如拣佛头儿，其实是把某种小玩意儿从这里拣到那里。如《红楼梦》中就描绘到，有天贾母把喜鸾、四姐儿叫来拣豆子，两个姑子洗了手，点上香，先念了佛偈，然后一个一个的将豆子拣在一个笸箩内。

(5) 本年禳解。

民间认为，人到本年，灾殃必多，需要禳解才能逢凶化吉。青海河湟地区年过半百的老人，逢自己生肖年份的元日便行禳解。这天，儿子、媳妇或女儿、女婿向老人敬献红色衬裤、红布或红绫裤带，即日穿上或系上，认为如此便可禳解。

四 "禄"与"财"

升官发财，在中国恐怕是使用频率最高的贺语之一。当官与发财，本来是风马牛不相及的两回事，但在这里却完全柔和在一起了，因为在中国封建社会中这两者的确是紧密联系的，"三年清知府，十万雪花银"，有多少真正的清官呢？所以，人们往往认为有了官就有了权，有了权就有了钱。权代表着社会地位，钱代表着经济地位，有了这两者可以说是大福之人；一个家族（庭）中，如果既有人当大官，又很有钱，那无疑也是大福之家了。所以升官发财也就成了很多人梦寐以求的得福愿望了。

（一）可望而难及的"禄"

禄就是官位，它列在五福的第二位。在官本位思想严重的旧中国，多少莘莘学子数十年寒窗苦读，就是为了金榜题名，混上一官半职，从而光宗耀祖。

　　禄神源自禄星，据《史记·天官书》记载："文昌宫……六曰司禄。"即文昌宫的第六星为掌管司禄的禄星。后来由星辰崇拜渐渐使其人神化，赋予其人格，并且附会为禄神张仙。关于张仙是谁，历来说法不一，有的说是四川峨眉山张远霄，五代时在青城山得道成仙，得"四目老翁之弓弹，击散人家灾禊"（《集说诠真》）；有的说即"送子张仙"——后蜀皇帝孟昶。故传统戏曲中有"禄星抱子下凡尘"之类的唱词。在福禄寿三星图中，禄神往往在福神的右边，做员外郎打扮，头上插戴富贵牡丹花，怀抱婴儿。他的形象很少单独出现。

　　在中国的戏曲舞台上，每遇节日或喜庆，在正戏开演前要演一曲彩头戏"跳加官"，其中的独角演员即禄神。表演者身穿大红袍，戴"加官脸"（一种作笑容样的假面具），手持朝笏，走上戏台，绕场三周后下；再出场时，抱一小儿出来，又绕场三周，退场；再进场，笑容满面，边跳边向观众展示手中的红色条幅，上面写"加官进禄"的颂词，表示祝看戏的人福星高照，升官发财。旧时，有不少"加官进禄"之类的风俗画流行于民间。

但是，"禄"与福、寿、财不同的是，它不是每个人都能求到的，尤其是对普通百姓来说，连最起码的养家糊口都有困难，那有条件供子女上学念书，"禄"对他们来说是可望但不可及的奢望，高不可攀等于无望，因此尽管他们也要"马上封侯"、"加官晋爵"、"官上加官"等等年画，（图14、15）但比起福神、财神、寿星来，对于禄神要冷淡得多，几乎没有什么祭祀活动，禄神也只有沾福神、寿星的光，享受一些供品和烟火罢了。

图14 选自中国书店 《吉祥图案》

图15 选自中国书店 《吉祥图案》

（二）名目繁多的财神

家庭富裕是有福之人的重要因素之一。而为了使得家庭富有，中国古代人民"创造"了数位据说是掌管钱财的神灵，人们相信只要虔诚地向他礼拜就能得到钱财，发财致富。

与其他神灵相比，财神的出现比较晚。北宋时有了财门年画，《东京梦华录》卷12"十二月"条记载："近岁节市井皆印卖门神、钟馗、桃板、桃符，及财门纯驴、回头鹿马。"财门纯驴属年画当无疑，但内容如何我们今天已无从知晓。到了南宋京城临安，才出现了今天意义上的财神。吴自牧《梦粱录》卷6"十二月"条记载："岁旦在近，席铺百货，画门神桃符，迎春牌儿，纸马铺印钟馗，财马，回头马等，馈与主顾。"这里的财马，即用纸张印制的财神画像，由于这些神像在民间信仰中是被看作神灵上下于天堂人间骑乘的神马，故又称纸马。财神纸马是财神出现的确切标志，一直延续到今天。在中国民间信仰习俗中，因时代的不同、区域的不同，财神也有一个发展演变的过程，但因中国民众对神灵抱"宁信其有，不信其无"的心态，所以往往新财神诞生了，而老财神并未退出历史舞台，因此我们今天看到，财神是一个群体，而不是独指某一位神。大致可分为正财神、偏财神两大类，而正财神又可分为文财神、武财神。

1. 武财神

在中国民间信仰的财神中，最著名的当属武财神赵公明——赵元帅。(图16) 他的名字最早见于东晋干宝的《搜神记》中，那时他是上帝手下的一名将军，曾被上帝派往人间，率领部下索取人命。到了梁朝陶弘景《真诰》中他又变成了司

图16　赵公明（明）

选自蓟午子《漫话神鬼世界》

上下冢中之事、掌五方之气的五方诸神之一。直到元明时期的一些神仙传记中，赵公明才摇身一变而成为财神。元代刻本《搜神广记》中即说："买卖求财，公能使之宜利和合。"可见赵公明司财的说法至迟在元代就已流行了。不过对后世影响最大的当属明代许仲琳《封神演义》。明代黄斐默《集说诠真》引《封神演义》说：

> 姜子牙相武王伐纣。峨眉山道仙赵公明助商，武夷山散人萧升、曹宝助周。交战，各行道术。公明将缚龙索、定海珠祭于空际。萧升将落宝金钱向空抛掷，索珠随钱坠地，即被曹宝抢去。公明奔回商营。子牙束草像人，上书赵公明三字，筑台置之。亲自披发仗剑，焚符念咒，向台叩拜，每日两次，至二十一日，取桑弓桃箭射草人两目及心坎。公明在营，初则恍惚不安，沉迷昏睡，至是举声大喊，顿时气绝。周克商后，子牙往昆仑山玉虚宫，请得元始天尊玉符金册回歧。祭封神台；敕封阵亡忠魂。乃封赵公明为金龙如意正一龙虎玄坛真君，统率招宝天尊萧升，纳珍天尊曹宝，招财使者乔有明，利市仙官姚迩益四神，迎祥纳福，追捕逃亡。

其实，在《封神演义》中，姜子牙并没有封赵公明为财神，但他属下的四将倒是掌管财宝的，所以人们推断他必定是一位大财神了。民间关于赵公元帅的传说大多来自于道教。民间传说，后羿射落九日，落下的九日化作九鬼，其中一个又变成了人，他就是赵公明。赵公明黑面浓须，头戴铁冠，手执银鞭，跨下骑一黑虎，隐居于蜀中修道，并终于在秦时于终南山得道。据说道教的祖师爷张天师在炼丹时，向玉皇大帝奏请一位守护神。玉皇大帝便派遣了赵公明，并授予"正一玄坛元帅"的头衔。赵公明死后，道教封他为"金龙如意正一龙虎玄坛真君之神"，故赵公明又称赵玄坛。又因他黑面浓须、身跨黑虎，又有称他为赵黑虎的。民间传说赵玄坛有驱雷驭电、除瘟禳灾、迎祥纳福、买卖求财、使人盈利的本事。在北方、长江流域一带商家和居民中敬奉的都是这位赵公元帅。在江浙一带，专门祭祀赵公明的玄坛庙至迟在元代就已出现，如上海嘉定的玄坛祠；到了明代，正式的玄坛庙已普遍出现在江浙一带的各商业中心城市，如明代王鏊《姑苏志》卷 27 "坛庙"条载："玄坛庙在玄妙观前。玄坛，或曰神姓赵，名朗，字公明，赵子龙从兄弟。"

另一位武财神是三国时蜀汉大将关羽。（图 17）关羽在历史上确有其人，其品行和生平事迹，陈寿在《三国志》卷三十六《关张马黄赵传第六》中有较为详尽的记载：关羽字云长，本字长生，河东解州人；东汉延熹三年（160）出生于贫寒家庭，但从小在其父的教导下，受过良好的教育，熟读《春秋》，并且练就了一身的好武艺；有正义感，25 岁时即杀死横行乡里的恶霸吕熊。后投军，结识刘备、张飞，三人结拜为异姓兄弟，参加剿灭黄巾农民起义军的战争。从此一直追随刘备，直到建安二十四年，大意失荆州，败走麦城，被孙权部下擒获，与其子关平同时被杀于湖北当阳。他对朋友讲究义气、信义，尤其是与异姓兄弟刘备和张飞那种"寝则同床，恩如兄弟"的关系，为世人所称道。关羽对刘备的忠心耿耿，一生"随先主周旋，不避艰险"，连敌方的曹操也不得不"义之"；同时关羽又是一个知恩必报的义士，杀死颜良，为曹操解了白马之围；相传赤壁之战中，关羽竟违背军令，在华容道上放了曹操；他通晓武艺，胆略过人，作战勇猛。主要事迹有斩颜良、杀庞德、击败曹将夏侯惇、温酒斩华雄、单刀赴会、刮骨疗毒等。他的勇猛在当时名闻遐迩，"威震华夏"；他都督荆州期间，曾吓得曹操"议徙许都以避其锐"。关羽生前的官位并不高，具体大概曾任以下职务：初平二年（191），任别部司马；建安四年（199），派关羽守下邳，行下邳太守事；建安五年（200），曹操拜他为偏将军，封汉寿亭侯；建安十四年（209），任襄阳太守、荡寇将军；建安二十年（214），任命都督荆州事务；建安二十四年（219），拜为前将军。这些职务或是地方长官，或是军队的先锋，只能属于中层官吏。所以他的地位并不显赫。但是关羽身上所具备的勇猛、忠贞、信义的优良品格和道德情操，正是封建社会中统治者、士大夫、普通民众甚至三教九流都需要的品性，也就是说他具备被人崇奉的主观条件；在适当的社会环境催化作用下，进入了神的行列，而且越捧越高，成了一位香火特别盛的高级神灵。

图 17 关公

选自叶兆信《中国诸神图集》

相传最早将关公拉入神的行列的是佛教，据《佛祖统纪》

记载，天台宗的智顗和尚在当阳玉泉山建精舍时，遇见具王者风范的老少两人。那位长者，蓄一把飘逸的长髯，少年则留一头秀发，十分英俊。两人皆威风凛凛，并自通姓名乃关羽、关平父子。他们要求智顗在玉泉山旁为他们建一座寺，以享烟火，智顗答应了。寺院建成后，还为关羽授了五戒，就这样关羽被列为佛教的伽蓝神之一。关羽这样一位著名的历史人物被佛教奉为神明，引起了道教的不甘，于是在宋徽宗崇宁元年（1102）受朝廷支持的道教也追封关羽为"忠惠公"，宣和五年（1123）又封为"义勇武安王"；到明代，于万历三十年（1605）又加封为"三界伏魔大帝神威远震天尊关圣帝君"。以致最后形成了"儒称圣，释称佛，道称天尊，三教尽皈依"的局面，关公在神界的地位越来越高，一直到与文圣——孔子平起平坐的武圣的地位，庙宇遍布全国。明代徐渭在《蜀汉关侯祠记》中叹道："蜀汉前将军关侯之神，与吾孔子之道，并行于天下。然祠孔子者止郡县而已，而侯则居九州之广，上自都城，下至墟落，虽烟火数家，亦靡不醵金构祠，肖像以临，球马弓刀，穷其力之所办。而其醵也，虽妇女儿童，犹欢欣踊跃，唯恐或后。以比于事孔子者，殆若过之。噫亦盛矣！"清代赵翼在《陔余丛考》卷35中描绘关公信仰在当时的情形时也曾说："今且南极岭表，北极塞垣，凡儿童妇女，无有不震其威灵者，香火之盛，将与天地同不朽。"这种盛况可以说是空前绝后的。

但是关公在清代成为一位财神，倒实在是一件令人费解的事。因为从他的行为来说与敛财毫无关系，相反他倒是一位视财富如粪土的人。关公成为财神，大概与这两件事有关：一是他曾有在曹营挂印"封金"之举；二是乾隆皇帝的赐封：传说乾隆皇帝登基后早朝上殿，常闻身后有甲叶靴板之声，心里很是惊奇。有一次早朝，乾隆刚入金鉴殿，又听到了那种声音，乾隆回头惊问："身后何人保驾？"答曰："二弟关云长。"此事当然是胡编的，但据说为此乾隆赐封关公为财神。在关帝庙门帖上出现"汉为文武将，清封福禄神"，横批"协天大帝"的楹联。当然，关公身上所体现的讲义气、信义，也正是商业活动中所需要的。关公作为财神，在南方的商界、行业帮会中较普遍地被供奉，在海外华人中间也相当普遍。如17世纪以来，凡到日本的华人皆奉关公为守护神、商业神和财神，并且被奉为中华传统道德秩序的象征。

2. 文财神

直接冠以"增福"两字的财神是文财神。文财神的形象为身穿明制官服的一个老头。他白脸长须，左手执一柄玉如意，右手捧一只上面书写有"招财进宝"字样的金宝盆。关于其原型，有两种说法：一说是商代纣王的叔父比干，一说他是越王勾践手下的大臣范蠡。

比干是殷纣王朝中三大忠臣之一，纣王的叔父。纣王荒淫无度，暴虐无道，比干死谏，被纣王挖心而死。(图18)相传，比干死后，姜子牙见他没了心，既没有良心，也没有贪心，办事公道，就封他做了财神。比干做了财神后，因为没有心，不生是非，办事公道，平等待人，做买卖的都公平交易，谁也不弄虚作假。

图18　文财神比干

.

范蠡是春秋末期越王勾践手下的大臣，他与文种一起辅佐勾践打败吴国，成就霸业，封为上将军。但他功成名就后毅然退出政坛。第一次逃到了齐国，改名易姓为鸱夷子皮，与儿子在海边辛勤耕耘，几年后就积下了数十万资产。齐王获悉后要拜他为相，范蠡退还金印、散尽所有钱财，又悄悄地逃到了陶地，改名为陶朱公。他所以选择陶地，是因为陶地处天下之中，为交易有无的必经通道，果然没过几年，陶朱公就致资产累巨万，他成了天下闻名的大富翁。用现在的话说，范蠡是生意场上的奇才，致富的能手，把他当作财神供奉是最合适不过的了。

3. 偏财神

在中国民间信仰中，被奉为偏财神的甚多，较著名的有：

(1) 五路财神。一说是元末抵御倭寇而死的何五路；一说是梁陈之际顾野王的五个儿子；一说是玉帝殿前的五香童，投胎杜家，因救龙王三太子而获龙王赐宝，富可敌国；一说是五位江洋大盗，专干劫富济贫之事；一说即古时的五祀等等。(图19)

(2) 五显财神。其原型有南齐人、唐人、宋人等多种说法，最早记载见于南宋洪迈《夷坚志》。

（3）五通财神。多由山精野怪幻变而来，因为它们能"使人乍富乍贫"，所以有些人把它们当作财神来供奉。

图 19　五路财神（清，中堂）
选自叶兆信《中国诸神图集》

（4）华光大帝。即灵官马元帅，事迹多见于明代的记载。《三教源流搜神大全》中说："玉帝以其功德齐天地，而敕元帅于玄帝部下，宠以西方，领以答下民妻财子禄之祝，百叩百应。"明代余象斗《华光天王传》的结尾处描写华光皈依佛道，永镇中界，万民求男生男，求女生女，买卖一本万利，读书人金榜题名，感显因验，永受祭享。所以被奉为财神。

(5) 金元七总管。清末《归安县志》记载："湖（州）俗好淫祀，有金元六总管、七总管。市井中目为财神，建庙尸祝，每月初二、十六日用牲醴，与五圣同饷，名曰拜利市。"金元七总管原为水运神、水神，信仰区域多为江南水乡。江南地区以水为路、以舟为车，自古财货的转运多有赖于舟楫河网之便，因此漕运、河运及海运之神很自然也就会成为人们财源的通道和保障了。"生意兴隆通四海，财源茂盛达三江"的楹联，正是表明了水运与财源之间的密切关系。

(6) 利市仙官和招财童子。在各路财神中，利市仙官、招财童子充当的是配角，在大多数的情况下，两人都画在正财神的左右身旁。利市原是起源于宋元市民阶层的一句口语，现在仍流行于江浙民间，原指商业上的厚利，后转化为钱财的代名词，节日期间分赠予他人的喜钱也称利市，不知何故民间就在此基础上创造出了一位财神——利市仙官。有名有像的利市仙官至迟在元代就已出现了。明代翟灏《通俗编》引元人夏文彦《图绘宝鉴》云："宋嘉禾好为利市仙官，骨骼态度，俗工莫及。仙官之画为宰官身久矣。"到了《封神演义》中，利市仙官才有了真正的、世俗的姓名，叫姚迩益，或言姚少司。到了近代，随着商业的发达，利市仙官成了年画中的重要角色，李干忱在《破除迷信全书》中说："俗传利市仙官是一位使人发财的神，我国北方，每届新年，必将利市仙官的像，贴在门上，以求吉利，商人更是如此。在南方有些地区，祭财神也叫'拜利市'，但所祀的却不是利市仙官，而是金元六总管、七总管之类别种财神，每月初二、十六都要用牲醴，与五圣同饷。"招财童子则源于佛教的善财童子，据《华严经·入法界品》记载：善财出生时，各种珍宝从屋内地下涌出，故取此名。后来他历尽千辛万苦，终于成佛，当上了观音菩萨的左胁侍。因为他曾拥有无数财宝，所以后来也加入了中国财神的行列。

（三）财神信仰的仪式

向财神求财除了平时供奉礼拜外，最大的活动便是正月初一至初五的"接财神"，在时间上各地略有不同，因为有的地方认为财神生日是正月初一，有的地方认为是正月初五。其中比较一致的形式一是置供品祭财神，一是人们装扮成财神上门。如：

过去在广州，元旦这一天，人们随处可以见到"一个花子样的小孩子，手里拿着一些暗淡无光的红纸，上面写着'财神'两个字，嘴里喊着'财神到！'许多爱听吉利话的人们，便给人一些'利市'，拿了'财神'两字回去。"（楼子匡《新年风俗志》，商务印书馆 1935 年版，下同）

在四川新繁县，元旦日，"乡里无赖以粉墨涂面，持鞭为优伶状，立于庭中，主人必给钱乃去，谓之'送财神'。或第以红纸刻印神像高唱于门者，亦如之。"（《新繁县志》，1947 年铅印本）

在长沙，"有些是贫民，有些是乞丐，他们用小方红纸，印着'赵玄坛骑虎'字样，于元旦初二初三送到人们的家里，嘴里唱着：'财神进门来，四季广招财，富贵多子孙，天选状元来……'主人给些米，或给一文钱，也就走了。"（楼子匡《新年风俗志》）

在北京，正月初二各家祭财神。其所祭之财神，有的从店铺所购，有的由小孩送上门。这类小孩大多为贫苦之家，乘此机会赚取若干钱，于是送财神上门，向各家兜售，在门口大声喊叫："送财神爷来了！"愿意要者，付给两枚铜元，

即满意而回。若不需要，也不能说"不要"，谁也不愿在正月里说"不要财神爷"，只能回答已经有了。（胡朴安《中华风俗志》）

在有些地方，不是送财神登门，而是由乞丐或无赖装扮成财神上门，利用人们在新年期间的求财和求吉利的心理，强讨钱财。如在四川成都，正月初二为财神生日，乞丐面涂黄铜粉末，头戴黑纸乌帽，扮成财神，沿街求乞。当地有一说法："财神不开口，就能发大财，财神一开口，今年就倒霉。"因此，扮成财神的乞丐一到门口，人们不等其开口，就急忙送上若干钱财。甚至有时对主人给的钱不满意，还要求增加："锣鼓打的格拜拜，我请师娘涨涨财（或"长长财"，即增加酬劳），涨得快来发得快，钱庄银楼你家开。"（流行于上海）。

大多数地方都认为财神的生日是正月初四、初五，所以这两天的祭供活动最为热闹，俗称"接财神"。如旧时的上海，正月初四夜，人们便为财神爷备下丰盛的供品，猪羊鱼等，其中祀奉用的鱼，要用活的鲜鲤鱼，以与"利余"音相谐，故此鱼又称"元宝鱼"。为此，初四一早，街衢里巷便出现不少卖鱼人，用红丝线吊扣着鲤鱼鳍，挨家挨户上门送

"元宝利余"。尽管要价甚高，但谁家都不愿推脱，为图发财增福而欣然买下。初四夜，北方人吃饺子，因饺子状似元宝，故讨口彩曰"财神爷给的元宝"。而南方人的餐桌上则少不了芋艿，因芋艿谐音"运来"，是发财增福的吉兆。至交初五子时时分，人们便为财神爷备好坐骑宝马（其实只是一张以红笔描画后剪下来的纸马图形），点燃香烛，跪叩祈祷，然后挂上一张新的财神爷像，使他又显得容光焕发，便算是将财神接到家里来了，财神爷在新的一年中又要为这一家子招财进宝了。至初五清晨，乡里邑间的一些无赖、乞丐则要开始"装财神"活动。他们三五成群，或以白粉敷面装文财神，或脸涂黑墨、手执铜钱编扎的铁鞭扮武财神，敲锣打鼓、挨家挨户送财神。每到一家，伶牙俐齿的"文财神"便为主人家说上一套发财增福的吉利话；而五大三粗的"武财神"则摆几个跨虎举鞭或"捋须看春秋"的架势。对此，主人家需给些许钱钞以作酬，并飨以酒菜。这些"财神"们将酒一饮而尽后便又往别家去了。民国以后，化装财神上门的少了，乞丐、无赖们大多敲锣打鼓送一张红纸财神像上门，以换取主人家的酬谢。送财神者上门还伴以一段唱词，如"财神迎门到，元宝滚滚来。主人真和气，福气定不小"之类。旧时人们平时虽百般讨厌这班乞丐无赖，但初五财神生日这天，却十分惦记着他们来送财神，以期来年发财增福。

在财神诞辰时，向他礼拜祈赐财赐福。其祷告告文，有的是"香红灯明，尊驾神临。体察苦难，赐福百姓。穷魔远离，财运亨通。日积月累，金满门庭"这样文绉绉的偈子；也有的是"招财童子至，利市仙官来，穷神永离去，富贵花常开"这样通俗的说辞，一般都为小摊贩、小店家所用。

近些年来，随着市场经济的发展，从事经商的人增多，人们希望发家致富的愿望增强，所以在一些城市中，初四、初五夜晚，往往是爆竹声通宵达旦，不绝于耳。向财神求发财，虽然愚昧，但多少也反映了人们希望经济发展、繁荣富强的良好心愿。

五　多子多孙福气好

在中国人"福"的观念中，子孙绵延、多子多孙，占有很重的成分。人丁兴旺是家族（庭）发达的重要标志，中国人在争吵中最恶毒的一句骂人话就是"断子绝孙"，若是一个女人不能生育、一个男人没有儿子，那是非常丢面子的事情，简直是给祖宗脸上抹黑。为了做到多子多孙，善良的人们就"创造"了许多掌管赐子的神灵，认为只要虔诚地向她们祈求，就一定会有子嗣；同时，在医疗条件很落后的情况下，为了使婴儿能够顺利成长（在旧时死亡率是很高的），每逢一定的日子就要举行祈福的活动。

（一）各路菩萨送子来

在中国的神灵中，恐怕掌管送子的神灵是最多的，几乎所有的女神都具有赐子的任务和功能，从佛教的观音菩萨，到道教的碧霞元君、妈祖，以及数不胜数的区域性信仰的民间女神。（图 20）

图 20　送子娘娘

选自叶兆信《中国诸神图集》

1. 送子观音

佛教菩萨在中国影响最大的当属观音，其寺庙遍及大江南北，信徒无数。她既是救苦救难之菩萨，又是赐子、护海之神灵，无所不能。观音大概东晋时传入中国，对其崇拜信仰可能与鸠摩罗什来华译《法华经》有关，至梁朝对其崇拜之风渐盛，后经唐文宗之尊崇推广而至高峰。自唐以后一直很盛。不过中国人崇拜的观音菩萨已非印度佛教中的观音。佛教中的观音是男身，但到了中国后很快就蜕变为女身（大约始于唐，宋元后确定），其赐子、消灾、护海等职能也显然受王母娘娘、天后圣母等女神仙的影响，所以李圣华在《观音菩萨之研究》一文中指出：观音信仰虽然源于印度佛教，但"印度偶一暗示，作为引端而已，其他一切信仰仪节纯是中国本色，深含有道教气味"①。佛教中有六观音、七观音、三十三应现身、三十三观音等说法，但没有"送子观音"。送子观音是地地道道的中国民间的创造。在中国民间，那些没有儿女的妇女，只要到观音庙里去虔诚地向观音菩萨祈求，烧香叩拜，据说她就会给你送来儿女；有的还要"窃取"庙里供桌上供奉的莲灯，因为"灯"与"丁"谐音，偷来观音的"神灯"，家里自然就会"添丁"。还有的人家，怕儿女夭折，便把他（她）从小送到观音庙里去"寄名"，把孩子交给观音菩萨"照看"，认为这样就万无一失了。在中国民间还有这样

---

① 载《民俗》第 78 期。

的习俗：产妇遇到难产，只要口中大喊"观音菩萨"，菩萨就会立刻前来解救。

2. 碧霞元君

在我国五岳之首泰山顶上有一座至今保护完好的碧霞祠，其中供奉着泰山娘娘——碧霞元君，是北方地区影响最大的女神，被著名历史学家顾颉刚先生称为北方地区的"女皇"。像中国的其他神灵一样，她也是一位全能神，著名的民俗学家罗香林先生曾将其职能概括为八个方面：一是财利的有无，二是官禄的进退，三是行人的至否，四是田蚕的熟否，五是婚姻的难易，六是子息的多寡，七是讼狱的赢输，八是疾病的吉凶。由于她是一位女神，所以送子保育的职能尤为突出。因此，一般的元君庙中，除了供奉碧霞元君外，还往往配祀送生娘娘、送子娘娘、催生娘娘、眼光娘娘、乳母娘娘、痘疹娘娘等，构成一个完整的送生保育的神灵班子，各司其职，门类齐全。

向碧霞元君祈子，除了烧香跪拜许愿外，长期以来还形成了许多独特的习俗，如拴娃，祈子者用红线或红布条把送生娘娘供桌两侧的娃娃拴个回家，便认为能够生儿育女。如《寿春岁时纪》中说："三月十五日烧四顶山香，山在八公山东北，离城厢约七里余，山上有庙宇数十间，塑女神曰碧霞元君，俗呼泰山奶奶，奶奶殿侧有一殿，亦塑一女神，俗称送子娘娘。庙祝多买泥孩置佛座上，供人抱取，使香火道人守之，凡见抱取泥孩者必向之索钱，谓之喜钱。抱泥孩者，谓之偷子，若偷子后贯以神助者得子，则须买泥孩为之披红挂彩，鼓乐送之原处，谓之还子。"此俗至今仍然盛行。又如取花，在安溪等地，婚后久不生育的妇女常常被人嘲笑，因此她们常常要到东岳庙注胎娘娘神像前"取花"。取花之前，须备好小三牲、碗，以及金银纸钱等，由求子者挑到东岳庙，并有一老妇陪同前往，到了东岳庙，便将供品放在注胎娘娘像前，跪拜祷告来意，然后抽签，看是否要取花，一次不成，再来一次，直到可以取花。此时求子者跪下，两手把衣襟牵着拱起，而老妇则把注胎娘娘头上插的或神座前别人插的花放入少妇衣襟里，并说道："可以为你多生子"、"生了后，再来拜注胎娘娘做干妈。"求子的少妇唯唯诺诺地答应着，然后把花插在头上（若是红花，则象征着是女孩，若是白花，则象征是男孩），因为有了花就可以结子。花取此后，如果得子，须于生产后几个月将花退还。近些年来，到泰山祈子又出现了新的习俗，即压枝（押子）和拴枝（拴子）。压枝就是用石头压在树枝上，谐"押子"；拴枝指用红布条拴在树枝上，谐音"拴子"。在泰山满山遍野树木上到处皆是叠放着的小石头和系着的红布条，蔚为壮观，形成了一道难得的民俗风景线。（图21）

图 21 泰山娘娘（元）
选自叶兆信《中国诸神图集》

3. 张仙

是送子神中唯一的一位男神。如从前广州人家中，床沿前的一张桌子，供奉张仙像，其像作弯弓射天狗状，下画四五个小孩子，取其送子的意思。上额为"添丁发财"，左右联为"天赐麟儿凭司马，花生贵子赖仙官"或"多福多寿多男子，日富日贵日康宁"，中悬一琉璃灯，每于晚间燃之，名曰添丁灯。旧时佛山还有张仙庙，乡人相沿祀之以求子。关于张仙送子的来历，一般认为最早形成于四川。（图22、23）苏老泉集中有《张仙赞》，谓张仙名远霄，眉山人，五代时游青城山得道成仙。陆放翁《赠宋道人》诗曰："我来欲访挟弹仙，嗟哉一失五百年。"郎瑛《七修类稿》也记载："张仙名远霄，五代时游青城山得道者。苏老泉曾梦之，挟二弹，以为诞子之兆，老泉奉之，果得轼、辙，有赞见集中。"据说，蜀亡后，花蕊夫人入宋宫，带去张仙像，其俗传至中原。陆文裕《金台纪闻》云："后蜀主孟昶挟弹图，花蕊夫人携入宋宫，念其故主，常悬之于壁。一日太祖诘之，诡曰：'此蜀中张仙神也，祀之令人有子。'"这些记载虽较为混乱，但从中我们还是可以看出，张仙送子习俗最早形成于蜀地，时间最迟不会晚于五代，其人物有三：一是月中张仙，一是得道神仙张远霄，一是蜀主张仙的形象是张弓挟弹，源于古时生男

图22　张仙挟弹图　　　　图23　送子张仙
（明·石刻）选自叶兆信　选自叶兆信《中国诸神图集》
《中国诸神图集》

子悬弧矢之俗，其信仰在旧中国相当普遍。《破除迷信》卷6中说："张仙本是世俗家庭间所供奉的一位贵神，每逢新年就在画像前贴上一副对联，联语有：'打出天狗去，保护膝下儿。'横额上也写有'子孙绳绳'等等的吉祥语。"

4. 陈十四夫人

陈十四夫人，原名靖姑，在历史上确有其人。关于她出生的时间，有两种说法：一说生于唐大历元年（766）或说二年，卒于贞元六年（790）；一说生于唐天佑元年（904）。但据记载，古田祖庙临水宫始建于唐贞元八年（792），可见大历元年的说法较为合理。其信仰产生于福州、古田一带，向南流传到闽清、长乐、莆田、泉州、惠安，越海传到台湾，向北经罗源、宁德，传到浙江省的丽水、温州地区，江西靠近闽、浙的部分省市也受到影响。由于她流传的范围相对较小，故在全国的知名度不算高，但在当地的民间神灵信仰中却是最著名的，信仰度极高，影响面极广。（图24）

关于其事迹，《古田县志》记载："顺懿祖庙，县治东四十里，曰临水洞者。神姓陈，世巫，祖讳玉，父讳昌，母葛氏，唐大历二年生，少神异，嫁刘杞，怀孕数月，会大旱，祈雨即应，求神而身已殒矣。临终诀云：吾死后不救人产难，

不神也。卒年二十有四。"《新修罗源县志》卷 13《祠庙志》
载:"崇福宫,在孝巷城边,明时建。相传神姓陈名靖姑,闽
县下渡陈昌女,由巫而神,乡人祀之。"《西洋宫碑记》载:
"夫人系唐大历中巡检黄公之配,姓陈名靖姑,乃闽县下渡人
也。家世巫觋,夫人少而灵异,知人祸福,救人疾苦,得许

图 24 临水夫人陈靖姑(大奶夫人)

选自燕仁《中国民神 66》

旌阳之秘诀，除邪魅极多。一日与人言曰：'吾已试剑于太平石，藏书于鼓角岩，不日将还造化矣。'言既而殁，乡人德而祀之，乃立庙于黄氏祖居之旁，是西洋宫自始也。"可见，陈靖姑的原型为一女巫，因做了一些对民众有益的事如祈雨、除魅等，死后被立庙奉祀。历代统治者对她的封号甚多，如宋淳祐（1241）年间，赐额"顺懿"，封崇福昭惠慈济夫人；元延祐间，追封"淑靖"；清雍正七年，封"天仙圣母"等。从《八闽通志》所载南宋福州知府徐清叟为陈靖姑请封一事看，当时的临水夫人也只是以保护妇女生产而闻名的。到了明清时期，陈靖姑的形象大大发展了，明代陈鹤鸣的《晋安逸志》对临水夫人神迹的描述便极富于神话的味道。到了清代《闽都别记》，临水夫人已成为万能的神灵。陈十四夫人信仰闽浙沿海一带至今仍很盛行，主要的职责是赐子救产保育。如无子者，在正月十五陈靖姑生日那天夜里，到庙中给她奉香许愿，然后偷偷地把陈靖姑神像的鞋脱下，或将陈靖姑神像手持的花采下，带回去，放在床头上，待三天后还鞋。俗信这样做后陈靖姑就会赐子给她。在丽水地区的夫人庙中，供桌上放着许多的小花鞋，也是供祈子者"偷"的，若是果真灵验生子，还愿时则要送还数双小鞋。此外，新生儿受惊吓、生病等，也都到夫人庙请夫人"诊治"，长期以来，夫人庙中就有了许多诊治小孩疾病的土方和偏方。

5. 妈祖

妈祖在历史上也确有其人，福建省莆田湄州人，据《三教源流搜神大全》卷四记载："妃林姓，旧在兴化路宁海镇，即莆田县治八十里滨海湄州地也。母陈氏，尝梦南海观音，与以优钵花，吞之，已而孕，十四月始免身得妃，以唐天宝元年三月二十三日诞，诞之日异香闻里许，经旬不散。幼而颖异，甫周岁，在襁褓中见诸神像，叉手作欲拜状。五岁能诵《观音经》，十一岁……"一般来说，妈祖管辖的范围是海上，管行船和渔人的安全，是海神。有关她显灵救护渔民的故事流传很广。封建统治者为了统治的需要，给了她难以计数的封号，如宋徽宗宣和五年（1123）因给事中路允迪之请，钦赐"顺济"庙额；至宋孝宗淳熙十一年（1184），累封至"灵惠昭应崇福善利夫人"；光宗绍熙元年（1190）晋封为"灵惠妃"；明洪武五年封孝顺纯孚济感应圣妃；永乐七年封弘仁普济护国庇民明著天妃；明崇祯帝封天仙圣母青灵普化碧霞元君；清康熙十九年封护国庇民妙灵昭应弘仁普济天妃；康熙二十年封昭灵显应仁慈天后。其地位和影响与北方的碧霞

元君有过之而无不及。尤其是台湾、香港地区以及东南亚各
国影响尤为巨大。(图 25、26)

图 25　妈祖（福建纸马）　　图 26　天后圣母（江苏南通纸马）
　选自叶兆信《中国诸神图集》　选自叶兆信《中国诸神图集》

　　在民间信仰中，妈祖主要是海神，但同时也是一位全能
神，民众有难，只要虔诚向她祈求，她总能满足，如祈雨，
据《莆田县志》记载，林妃"升化"后，"常衣朱衣，飞翻海
上，里人祠之，雨旸祷应"。(《古今图书集成·神异典》卷
28) 妈祖还兼有送子娘娘的职能，《三教源流搜神大全》卷 4
中就有这样的记载：林妃"尤善司孕嗣，一邑共奉之。邑有

某妇，醮于人，十年不字，万方高禖，终无有应者，卒祷于妃，即产男子。嗣是凡有不育者，随祷随应"。

（二）保婴育儿求神助

在儒家"不孝有三，无后为大"思想的影响下，在旧中国对于生养儿子是非常重视的，生男才能持续宗姓、延续香火，不仅是一家一户，也是一个宗族兴旺的标志，所以大凡生儿，都要大肆庆贺一番。在福建、台湾地区，还将正月十五定为"添丁日"。因为闽台方言中，"灯"与"丁"谐音，原为中国传统的元宵灯节成了祝福生子的节日——添丁日。是日，家家挂灯表示庆贺，凡是该年新生男孩的家庭必须买一对新灯，悬挂在正堂梁上；有的地方，以家中有几位男丁，便在正堂或门首挂几对灯。如此，哪家挂的灯多，便说明该家男丁多，人丁兴旺，有福气。

凡已出嫁而尚未有孕生育的妇女，春节期间回娘家过年的，习俗规定必须在元宵节前回夫家，并参加"添丁日"的风俗活动，以祈求得福——生子。娘家人还要在元宵节前几天，给出嫁而未孕的女儿送去"天赐麟儿"、"观音送子"等灯。这灯灯面上往往画有一个穿红兜肚、扎发鬏小辫的白肚小男孩，骑在一只腾空奔跃的麒麟上，小孩右手握着如意，左手在招一只蝙蝠，画面上还有四个大字——麟子逐福。也有的送绣花灯、莲花灯一对，寓含"先开花后结子"、"莲花结莲（连）子"祝福之意。（图27）

图 27　选自中国书店《吉祥图案》

　　在新疆北部的哈萨克同胞中，生男孩后也举行一种传统的祝福仪式。届时，亲友邻居的妇女们一同来向新生婴儿祝福。主人家则用为产妇滋补身子而宰杀的"哈勒加"羊待客。

夜晚，青年男女欢聚一堂，弹奏冬不拉，唱歌跳舞，既向添生了男婴的主人家表示庆贺，也向神灵祈求他们自己婚后也能获得这样爱情的结晶，祈求神灵也向他们赐子降福。这一祝福生子习俗，在哈萨克语中称之为齐尔达哈纳。传统的齐尔达哈纳要连续举行三个晚上。

旧时在台湾地区，以为生男孩添丁是福，生女孩养大了要嫁人，会带走娘家的福气，所以习俗规定妇女生育一定要在自己家中，忌讳借用别人的房子生产，以免生了男孩把福气留给人家，而若生了女孩则要带走人家的好福气，坏了人家的好风水。若不得已借了房或回娘家生育，事后产妇家要给房东挂红彩，备办糕饼、香烛、鞭炮、锡箔等物，向房东家的神龛礼拜，以避免带走房东家的福分。这一习俗当地称之为"烧糕仔会"。

新生儿诞生第三天，中国传统习俗要为他们办祈福的洗礼——洗三朝。这一习俗在唐朝便已盛行了。韩偓《金銮密记》中记载："天复二年，大驾在歧，皇女生三日，赐洗儿果子。"司马光在《资治通鉴》中还提到杨贵妃行洗三礼的事："上闻后宫欢笑，问其故，左右以贵妃三日洗禄儿对。上自往观之，喜，赐贵妃洗儿金银钱。"苏东坡也有"况闻万里孙，已报三日浴"的诗句。

　　行洗三朝祈福礼的主要内容是为小孩洗身、落脐和灸囟。行礼那天，家人采集槐枝、艾叶等草药煮水，延请有经验的接生婆为新生儿洗身，边洗边唱祝福歌词。然后，以姜片、艾团擦关节，用草药灸婴儿肚脐和头顶的囟门。有的地方，在洗三用的水里，要由孩子的奶奶放入一些葱和姜。葱，取意"聪明"；姜，取意"强健"，表达了家人祈愿孩子聪明、强健的祝福的内容。也有一些地方，在洗三时，来祝贺的亲友们将铜钱、红枣、花生、莲子、鸡蛋、玉石等物投入洗盆内，习俗谓之"添盆"。而此时，为婴儿洗身的老婆婆所唱的祝词中，要将这些物件所含的祝福意思唱出来，例如："水流长，长流水，金银财宝家中汇……好小子，小子好，早生贵子（红枣、栗子）把孙子抱……"在中国封建社会中，常常以出人头地、做官当老爷为有福，故那洗三老婆婆的祈福歌词在一些地方又往往是："先洗头，做王侯；后洗腰，一辈更比一辈高。洗腚蛋，做知县；洗腚沟，做知州。"

　　天津一带在洗三过程中，有以秤锤轻压婴儿的习俗，谓之"压千斤"，意寓祝福小孩长大后能担负重任。

　　据《西藏风土记》记载，藏族同胞也有新生儿三朝行洗礼祈福的习俗，藏族小孩生下的第三天（女孩是第四天），亲朋好友前来祝贺，先向生母和婴儿献哈达，然后捏一点随身带来的糌粑，放在婴儿的额头上表示祝福。藏语谓这一习俗仪式为"房色"。"房"污浊的意思，"色"是清除的意思。藏语"房色"倒是道出了洗三祈福习俗的原始含义——去除污秽，使新生儿能健康地成长。

在江浙地区，新生儿洗三活动通常与开奶仪式结合在一起。这一天，家里要请一位善于祝福言词的妇女来，将煎熬好的黄连汤汁蘸数滴于婴儿嘴上，边滴边唱说祝福之词："好乖乖，三朝吃得黄连苦，来日天天吃蜜糖。"然后，再将用肥肉、状元糕、酒、鱼、糖等食品调制成的汤水，用手蘸了涂在婴儿嘴唇上，边涂边唱祝福词："吃了糕，长得高；吃了酒，福禄寿；吃了糖和鱼，日日有富余。"最后，让婴儿尝一口讨来的人乳，以示开奶。

在广西三江的侗族同胞中，也有为新生儿三朝庆喜祈福的习俗。按侗族习俗，小儿出生不先预备衣服，婴儿出生时，只用柔软的旧衣裙包好，至三朝这一天，亲戚朋友前来祝福，礼品除糯米、鲜蛋、肥鸡等给产妇吃的食品外，另外必须有三至五尺用黄杞子染成的织布，以供新生儿做衣服。这天，妇女们边为婴儿缝制衣服裙片，边给婴儿商量取名，姑娘们则为婴儿唱祈福歌，一直持续到深夜。

　　小儿出生满月又是一件大事，通常中国民间都要为新生儿举行满月祈福之礼。这天，亲朋好友要携贺礼前来祝福，而主人家也要设宴盛情招待。筵席的丰俭视各家经济实力而各有不同，但必有一道汤煮的面食，以此作为象征。因此，民间又称之为"汤饼筵"或"汤饼会"。据史书记载，这种习俗在唐代就已流行了。如《新唐书·玄宗王皇后传》载："陛下独不念阿忠脱紫半臂易斗面，为生日汤饼耶？"刘禹锡在《送张盥赴举》中也提到："尔生始悬弧，我作座上宾，引箸举汤饼，祝词天麒麟。"

　　满月祈福除举办汤饼会外，还有一个隆重的仪式便是给婴儿剃头。在江南一带，婴儿满月剃头时，要请孩子的舅舅来抱着剃。这表示了产妇娘家人对这孩子的祝福。剃头往往是将四周的头发剃去，在头顶留下一块，当地称之为"桃形发"。因桃子在民间传说中有王母娘娘做寿，吃三千年的长寿蟠桃之说，故桃形发表示了长辈们对该婴儿健康长寿的祝愿。

　　在江南的水乡地带，旧时婴儿满月剃头，则在后脑勺留蓄少许头发，称为"撑根发"。因水乡湖汉行船，得力于船上的一根撑篙，这根撑船的竹篙名为"撑根竿"。小孩留撑根发，是祈愿孩子与船结缘，然后像行船一样，顺风顺水，一生平安，前途无量。还有的地方，剃头时在头顶囟门处留一撮发，实际上是保护小孩的囟门，但俗信认为这样可以使小孩聪（囟）明，故又称"聪明发"。还有的地方（如苏北等地区，近年来在上海地区也较流行）则在小孩的后脑勺留一小辫，祈望小孩长命百岁、健康成长，延续宗姓血脉，当地称为"留根发"、"命根子"等。还有的地方，小孩满月剃头后，要用红蛋在小孩头上轻滚三次，意为"红顶"；将铜钱与剃下的胎发包在一起，藏于屋梁上，祈愿孩子将来能做官（清代的大官，官帽上为红顶子）、发财。在农村地区，小孩满月剃头时，家中要点红烛，燃寿字香，供奉寿星、王母等神像。

在中国的传统文化观念中，"百"是一个重要的数字，尤其是在习俗观念中，"百"不仅仅是指一个具体的数，而是明显地含有"圆满"、"完全"等的意思。因此，当新生儿满一百天时，人们自然要举行庆贺活动，为之祈福。这一祈福活动，人们就称之为"百福"或"百禄"。据考，"百禄"一词起源甚古，可追溯到商周时代，而至唐代后便逐渐演变成俗。《西石城风俗志》称，"子生百日谓之'百禄'，外家必遗以烧饼百枚，主人受之，而以赠所亲。"在中国古代，为新生儿出生百日举行的庆贺祈福活动又称"百晬"。晬，意为周岁，故又称"百岁礼"。明代《宛署杂记》中有"一百日，曰婴儿百岁"的记载。时至今日，西北、中原一些地区，还称婴儿百日祈福礼为"过百岁"。充分显示了这一习俗中以祝孩子长寿为福的内容和含意。

在南方，旧时为小儿办"百福"，需在家斋供王母寿星，用神马一对，供以十碗素菜和茶、面。亲友们来庆贺祝福，送围嘴一个、面制的寿桃二盘，也有送一对银镯子，甚至送戴在小儿手腕上的金木鱼的。也有直接送银钱的，通常则送制钱一百枚。新生儿的家人还要为小孩制作"百家衣"和"百家锁"。所谓"百家衣"是在此之前，小孩的家人向左邻右舍、亲朋好友索讨一块块零碎的布帛绸缎，然后精心搭配，拼缝成一件色彩鲜丽、图案奇异的百家衣。民间习俗认为，小孩穿上了百家衣，便能集百家之福气于一身，受到百家百户的照应，便能长命富贵。在索讨百家布时，紫色布帛最难讨到，因为"紫"谐音"子"，谁家也不愿意把子送给别人；而百家衣上有紫色布便意味着有子，是断不能少的，所以往往只好到孤寡老人处寻觅了。

给小孩在百日时戴"百家锁",意思是用百家人家的福气将小孩锁住,长命百岁,身体健康。因此,"百家锁"又称作"长命锁""百家索"、"百家链"等等。"百家锁"的形式多种多样,通常用红线绳串起铜钱或锁形玉石(图28),挂在小儿颈项间。贵重点的,则用金银打制成锁片,戴在小孩头颈上。

图28 选自中国书店《吉祥图案》

锁片的正面镌"百家宝锁",反面镌"长命富贵"等字样,考究的还镌有麒麟如意、松鹤、蝠鹿、万年青等象征福寿延绵不绝的吉祥图案。购买百家锁的钱，习俗惯制认为只有来自百家，该锁才能发挥防病避灾、益寿延年、得享百福的作用。故旧时在江西等地，当孩子初生时，家人即以红纸包白米七粒、红茶七叶，分送给诸亲友。亲友接到喜讯后，即以铜钱数十文至数百文不等作回礼。家人即以这些来自百家的礼钱去购买百家锁。也有人嫌这一方法麻烦，便另辟蹊径，任找一乞丐，以成倍的钱来向他调换百文小钱。乞丐的小钱当然都是从百家百户乞讨而来的，用它来购买百家锁也合原意。不过在某些地区的习俗对此有严格的要求，如山东聊城地区，在百家钱中，必须要有"长、命、富、贵"四姓人家的钱，认为有了这四姓人家的钱在内购买的"百家锁"才真正能给小孩带来百家福。在陕西西安及关中地区，则要从百家讨来的碎布中，挑选出红、蓝、黄、白、绿五种色布，拼结成一件背心，上面绣上蜈蚣、蝎子、壁虎、蜘蛛、蟾蜍等五种毒虫的图案，习俗认为孩子穿了这种五毒背心，便可以毒攻毒、避邪除病，顺利成长。

此后，每逢小孩整岁都要举行一定形式的祈福仪式。目的是使小孩能够顺利成长。

六　一年四季祈福忙

人们对祥福的期待和孜孜不倦的追求，使得旧时的中国百姓不仅"创造"了许多能够赐福的神灵，向他们顶礼膜拜，而且在长期的生产和生活活动中，形成了许多祈福求福的习俗礼仪，以期达到对福的追求。

（一）岁时节俗中的求福礼仪

1. 春节期间求福习俗

春节是农历新年的开端，在农耕社会中，人们的一切生产活动都按照时令节气来安排，在这一年耕作复始、万象更新之际，人们常常以各种形式来表达冀盼吉祥幸福的愿望。主要有：

（1）祝福。在农历十二月二十至三十，江南一带特别是浙江绍兴地区，人们要择日举行祭拜百神、报谢一岁平安、祈求来年福祥的大典，俗称祝福。此俗形成较早，原意为向西王母祈福。《易林·四》："王母祝福，祸不成灾。"后衍变为谢年、谢祖神，如范寅《越谚》中记载："祝福，岁暮谢年，谢祖神，名此。"祝福需择良辰吉日，是日拂晓前，在屋檐下横摆（即按桌面的木纹横放）两张（大户人家也有用四张的）八仙方桌。桌上供置三牲福礼，如鸡、鹅、元宝肉、猪头、鱼等，福礼需装在红漆大圆盘内，福礼上面插许多筷子，旁边备一把厨刀，并有一碗蒸熟的牲血，此外还要放一盘豆腐、一碟盐、几块年糕、一串粽子、三盅茶和六碗酒。福礼的摆法很有讲究，如鸡、鹅要跪着放，头朝着挂着的福神像，表示迎候的意思；一尾鲤鱼要活的，用红绳穿过其背鳍，悬挂在"龙门架"上，并用红纸蒙住眼睛，取"鲤鱼跳龙门"之意。这天晚上，由家中的男性成员按辈分大小依次向外跪拜行礼；拜毕，鸣放爆竹，焚化纸元宝、神马等；接着，将桌子换向，改成按桌面木纹直放，家人由外向里叩拜，表示祭祖；祭毕，用煮过福礼的汁汤煮年糕或面条吃，此举谓"散福"，即表示神灵用享用过的福礼为传达，将福散赐给一家人，散赐给参加祝福大典的每一个成员，如此来年人人便都可得祥福了。此俗在当地又称作"作福"、"作年福"、"作冬福"等。

（2）年夜团圆饭。除夕夜家家户户都要吃合家团聚的团圆饭，俗称"年夜饭"。吃年夜饭之前，全家首先要祭祀祖先，以示追本溯源、不忘前人，同时也是祈求祖先护佑、赐福后代。年夜饭的菜肴大多有与福相关的吉祥名称。如湖南一些地方，年夜饭桌上一定要有十二个菜，取意为一年十二个月"月月有财（菜）"；其中有一盘"四季葱拌豆腐"，喻"四季清（青）洁（白）"。闽南台湾一带，年夜饭菜需有萝卜，称"彩头"（当地叫萝卜为菜头）；鱼丸、肉丸称"团圆"；吃蚶叫"发财发福"；吃鸡当地方言谐音"起家"；最后一道菜多为甜菜，意谓来年的日子一年甜到头；吃的素菜，洗净后连根煮熟，吃时从头吃到尾，以祝父母长寿。广东地区年夜饭往往要吃发菜汤，意为"发财"。北方人除夕夜要吃饺子，称作"元宝汤"。上海人旧时吃年夜饭时，必有一只暖锅，里面有鱼丸子、肉丸子（团圆）、蛋饺（元宝）、粉丝（银条）等，这只暖锅就称作"全家福"。所有这些都充分体现了中国传统吃年夜饭习俗中的求福内容。

（3）贴福字。旧时过春节，家家户户都要贴福字，大门上、窗棂上、屋梁上，乃至橱柜、衣箱、稻桶、米缸、粮囤等家具上都要贴上各种各样大红的福字，俗信认为如此便能招来福运，故此俗又称之为"百福"。据考，"贴福字"习俗源起于明代。据清初褚人获《坚瓠集》载：明太祖朱元璋建立明朝后，喜欢在节日微服出宫私行察访，以亲自体察百姓的生活及百姓对朝廷的反映。有一年上元夜，他又微服外出，见街市上有人在墙壁上画了一幅画，画面上是一个大脚妇女怀抱着一个大西瓜，许多人围着这幅画，边看边嘻嘻哈哈取笑。朱元璋一看就明白了，这幅画分明是在讽刺"淮（怀）西（瓜）妇人好大脚"。因为马皇后是淮西人，她幼年便父母双亡，无人照顾，又要干各种农活，遂长成了一双天足大脚。朱元璋当时没动声色，回宫后当晚即派人在未参加嬉笑讽刺者的门上贴上福字。次日凌晨派军队对城里门上无福字的人家大加诛戮。这一血案后，老百姓不知事件背后朱元璋使的手段，只当是门上贴福字能免灾祸，于是纷纷贴上福字求福保平安。自此，这一新年贴福字的习俗便流传起来了。在贴"福"字中有个倒贴的习俗，相传来历是这样的：不知是哪一年，有个大户人家新年贴福字。年幼的童仆不识字，将那些"福"字都贴倒了。邻居和路人看到了，纷纷上门来告知"福字贴颠倒了"、"福倒了"。那大户人家的老爷一听火冒三丈，一则觉得丢了自己的面子，二则这下得罪了福神，求不到福了，于是要狠狠惩罚那个童仆。这时，在这户人家教书的私塾先生很同情童仆，急中生智，对老爷说："恭喜老爷！贺喜老爷！"老爷气呼呼地说："福字都贴倒了，还有什么喜？都触大霉头了！"教书先生说："老爷，刚才大家来提醒你时，是怎么说的？"老爷说："他们说我家的福倒了。"教书先生说："对啊！福倒了，就是福到了，他们纷纷来祝贺你老爷福到了，怎么不该恭喜贺喜呢？"老爷听了这话，转怒为喜，十分高兴，便不再惩罚那个童仆了。这一故事传开后，人们遂形成了在新年贴倒福字的习俗，希冀人们上门来说"福倒了"——"福到了"。

(4) 贴门神和贴春联。新年来临之际，民间还有家家户户在门上换贴新门神和新春联，以示祈福和吉祥的习俗。门神和春联都是由"桃符"发展而来的。据《山海经》记载，在东海中有座风景秀丽的度朔山，山上有棵盘曲三千里的大桃树。这大桃树朝向东北方的一根拱形树干向下弯曲，弯弯的树梢都触到了地面。这树干和树身就形成了一座拱门。而度朔山上的鬼要到人间去，首先要经过这拱门，天帝为了阻止鬼去扰乱人间，就派了神荼和郁垒两位神将把守此门，统管所有的鬼灵。如有恶鬼胆敢到人间去为非作歹，两位神将便用苇索把他捆绑起来，喂给老虎吃。根据这一传说，人们在过年时，便用桃木雕刻神荼、郁垒两位神将的像，悬挂在大门的两侧，以防恶鬼入宅，保护全家的平安。后来，由于雕刻神像太费功夫，人们便改在桃板上画神像来代替；再后来，更简单的作法便是在桃木板上写上神荼、郁垒的名字。这就是桃符。(图 29) 最后，人们又省去了桃木板，在纸上画神荼、

图 29 汉画像石上的神荼、郁垒

选自燕仁《中国民神 66》

郁垒神像，贴于大门上，使鬼魅不至、诸恶远避、合宅得福，这便是贴门神祈福的习俗。唐以后，民间所贴门神又改为尉迟敬德和秦琼两人。其来历相传与唐太宗有关。传说唐太宗李世民有一次忽然生了一场大病，每天夜里都好像寝宫门外有无数以前战场上的冤死鬼往宫里扔砖头瓦片，呼喊怪叫，闹得唐太宗心神不宁，神魂颠倒。唐太宗将此事告知群臣，请大家献计献策，使他能安睡。开国功臣尉迟敬德和秦琼两位大将自愿到宫门口守夜驱鬼。当晚，他们俩身披甲胄、手执武器在宫门口守了一夜，唐太宗果然睡了一个安稳觉。接连几天，唐太宗的身体已渐渐康复，不忍心再让两位爱将守夜，就命人将两个全副武装的将军画下来，贴在宫门上，说也奇怪，宫内从此就夜夜平安。这件事传开后，民间百姓也争相将"秦军"（指秦琼）、"胡帅"（指尉迟敬德，因他相传为胡人）的画像贴在门上，以祈求合宅平安、全家得福。

将祈福意愿表达得更直接的是在大门上贴祈福门神，或大福字。祈福门神实际上就是福神。画面上为一穿红官服、留五绺须的福神，他手捧瓷瓶，瓶中莲花枝围一福字，身后一小福神，手持吉杖，上悬"福如东海"字样；或身穿大红官服的福神，脚踏东海的波涛，手招飞翔的蝙蝠，以喻"福如东海";也有的在门上贴一大福字,福字上有一童子,右手持戟(音吉),左手拿一磬(音庆),磬下还吊着一条鱼(音余),名为"吉庆有余"。

和贴门神相似,一些地方在春节时,有在门上贴挂笺的习俗。挂笺即用五彩纸剪成的各种花纹和穗子,其状如流苏。传说,姜子牙大封天下众神时,把自己的妻子封为"穷神"。为怕她撞到百姓家去,使人家受穷,又令她"见破即回"。人们为了避免穷神上门,于是纷纷将纸剪破成挂笺,贴在门上和窗户上,使穷神见破而回,以送穷纳财、去祸得福。

贴春联起始于五代时。据《宋史·世家·西蜀》载,后蜀主孟昶令学士辛寅逊题桃符板,"昶以其非工,自命笔题云:'新年纳余庆,嘉节号长春'。"这便是中国第一副春联。但春联的正式命名却直到明太祖朱元璋。据陈云瞻《簪云楼杂话》载,明太祖定都金陵后,"于除夕前,忽传旨公卿士庶家,门上须加春联一副"。为此他还微服出访,观赏各家的春联。当他见到一阉猪人家的春联时,还赐书春联语:"双手劈开生死路,一刀割断是非根。"但旧时百姓家,贴得较多的春联语是"三阳开天地,五福集重门"、"人臻五福,花满三春"等,往往能比较直观地表达人们贴春联祈福的习俗心愿。

(5) 烧火爆。在我国福建沿海一带，每年农历除夕，吃过团圆饭后，家家户户要在大门外堆起一堆柴草，中间还夹放些有刺的荆棘和绿叶，使之烧得更旺，并发出噼噼啪啪的声响。也有的人家取牡蛎壳、杂樟木、竹节等焚烧，不仅爆竹的响声大，而且还有一股樟木的香味。然后人们边放炮仗，边从火堆上跳过去。此时少年儿童们最为高兴，他们成群结队地从这家跳到那家，又从那家跳到这家。而哪家门口的火堆烧得最旺，跳火堆的人也往往最多。《三山老》所述"州人以竹箸火烧爆于庭中，儿童当街戏呼达旦"，描绘的便是除夕夜烧火爆的情景。在闽南方言中，"火"与"福"谐音，传说跳过火堆，就能消祸得福，故这一活动成为当地人们春节祈福的习俗留传下来。

在浙江省的部分地区，这一祈福活动则安排在正月初八举行，称为"长八日"。清嘉庆《瑞安县志》载："谷日，俗呼为长八日，宵分，贫富皆于中庭燃薪，诸巷陌市肆亦然，爆竹如雷，火光烛天，群儿嬉戏跳掷，以庆其会。""长八日"祈福，人们将"福"的含义偏重在多子多孙、宗嗣绵延、祖先庇护方面。故在这一天，凡新嫁娘都要到太阳圣母庙去祈祷，向太阳圣母求福乞子。若已生子的，则去祈保长生；有的地方则于夜间设祀祭祖，祈求祖先庇护，赐福吉祥。

（6）送穷迎福。过了除夕，人们又一个祈福习俗便是送穷迎福，也称"送穷鬼"、"赶五穷"，或称"送五穷"。如在陕西一带，正月初五清晨，人们用竹竿悬挂鞭炮，在房里一直放到大门口，并将纸剪的一个人形丢掷在大门外，便认为是送走了穷鬼了。那纸剪的人形，据传说是颛顼的儿子，生来便是一直穿破衣，宫中便称他为穷子，后来穷子在一年的正月晦日死了，宫中葬他的时候，大家相互说："今日送掉穷子了。"自此便留下了正月里送穷子的习俗。（见《文宗备问》）而唐代《四时宝鉴》中则认为正月晦日死去的是高阳氏之子，他生前"好衣弊食糜，正月晦，巷死"。可见此俗至少是从唐代留传至今，只是后来逐渐将时间由晦日改为"破五"（正月初五），并以纸剪的人形或破衣来代替那个"穷鬼"而已。在河北地区，这天家家户户要大放鞭炮，叫作"破五儿崩穷"；在广东地区，则在正月初三"穷鬼日"送穷。这一天人们把屋内破旧杂物打扫收集起来，送到屋外旷地上去焚烧，同时燃上香烛，叩头拜揖，祈祷"穷鬼去，福星来"；而在上海地区，人们认为正月初五既送穷鬼又迎福星（财神），两者合二为一，这天迎财神的鞭炮比除夕、初一还热闹。

（7）拜年聚福。新年里人们一项最重要的交际活动便是拜年。《宛平县志》载："正月元旦，五鼓时百官入朝行庆贺礼。民间亦盛服焚香，礼天地祀祖考，拜尊长及姻友投剌互答，曰拜年。"拜年习俗的来历说法不一，其中有一种说法是相传远古时代有一种名叫"年"的怪物，每逢腊月三十晚出来，挨家挨户地残食人类。为此，人们只得将肉食放在门口，然后关上大门，躲在家里，直到初一早晨，人们开门见了面，便作揖道喜，庆贺未被"年"吃掉，在新的一年中将添丁发财，万事吉祥。大约到了宋代，人们尤其是上层统治者、士大夫阶层要互相拜年的师长同僚亲属实在太多，家家要登门在时日上安排不过来，于是便使佣仆持名剌代往。这名剌即名帖，原是上门拜访、上衙门公干时，作传达通禀用的。在上面写上几句祝贺的话语，便成了一张贺贴。为接纳亲友送来的贺帖，旧时人们会在自家大门上粘上一只红纸做的袋子，上书"聚福"两字。这表明明人们将新春的祝贺、拜年的祝福，看作是新年的"福"来加以聚纳的。新年中，收到的拜年祝贺越多，标志着新一年中将会福运高照。大门上的大红聚福袋，正是人们在新年中祈福、纳福心理的生动反映。

（8）元宵祈福。正月十五正好是新年后第一个月圆夜，称为元宵节。民间传说，天地水三官配三元，上元正月十五是天官赐福的日子。这一天人们多要持斋举会，大家喝元宵酒，吃汤圆（又叫圆子、元宵），还要敲元宵锣鼓。关于其来历还有一则民间传说：相传地上有种大蜃，它吐出的气会使天官气短目迷。平时蜃是蛰伏在江边滩涂上的，有时它便会起来吐气，如果这天正好是正月十五，天官遇到了吐出的气便不会赐福了。那怎么才能使蜃在正月十五不起来呢？大家感到十分为难。这事让葛仙翁知道了，他就叫百姓们敲锣打鼓，因为葛仙翁能压服蜃，但葛仙翁又不能一直等在那里，而锣鼓敲打的声音，就好像在高声喊着"葛公在！""葛公在！"那蜃一听葛仙翁在，就不敢起来了。天官没有蜃的捣乱，也就能降福给百姓了。于是元宵节敲锣打鼓就成了江南等地区人们新年祈福的又一习俗。

在贵州等地元宵祈福活动是接龙。龙竿灯制作非常精致：一个巨大的龙头，张牙吐舌，有两个比碗还大的眼睛，两股长须，全身分为若干节，皆用绫子糊成。每节龙身中都点燃着明亮的油子捻；每节龙身下有根长木柄，由一壮汉执着。龙头之前，有壮汉以长竿挑一彩球，名曰"宝"。龙头摇来摆去为的是去抢宝，后面各节龙身随着龙头鱼贯而行。此时，人们便竞相邀请这条龙去自己的家盘舞一番。为迎接龙来家抢宝，接龙之家要备下"泥台花"，即以大竹筒或泥筒，里面填入火药和铁砂。当舞龙队伍到家门口时点燃"泥台花"，火花四射，令人眼花缭乱，舞龙者则在铁花四射中左躲右闪，以防铁花炸伤，又要在这万点焰火丛中滚进滚出，舞出好看的身姿，确实非要有点功夫不可。人们以为，家里接到了来抢宝的龙，说明家里有财宝，家庭富裕是有福的重要标志。因此，正月十五接龙成为贵州一带人们新年祈福的一种习俗活动。

元宵之夜妇女"走三桥"祈福的习俗，在我国流传地区很广，尤其以江浙地区为盛，形成的历史也很久。相传这与清朝时京城实行宵禁有关。平时，那些大家闺秀、小家碧玉难得有上街的机会，尤其是晚上。而元宵节"金吾不禁"，且满街灯市，真是人面与灯彩相映红，外出舒展消遣，当然别具情趣。为了多领略些元宵夜景，乃提出至少以走三桥为限，并附会走了三桥会百病皆消的俗说。明代刘侗《帝京景物略》记载："元宵，妇女期率宵行，以消疾病，曰'走百病'，又曰'走桥'。""好同却病走三桥，姐妹共相邀"，"元宵踏春街，同走三桥笑堕钗"，说的便是这一番热闹的情景。有些人还在过桥时抛些铜钱，谓之"卖病"，以为这样就能度厄而得福。旧时上海城厢内外，河道纵横，桥很多，要选择三座桥并非难事，但为了过桥祈福，上海妇女就特别讲究挑选桥的名称，如小东门的益庆桥，天官牌坊南的长生桥，邑庙东的如意桥等，以符合求福的内涵。走完三桥，已是十六的清晨，上海人习俗要吃馄饨，名叫"财亭馄饨"，也含祈福之意。

2. 立春日祈福活动

中国有句俗语谓"一年之计在于春"，春回大地，万物生长，带来一片欣欣向荣的景象。人们往往将春看作是生命勃发的象征。在农耕社会中，春天又是播种的季节，人们将丰收的希望、财福的希望，与种子一起撒入大地，托付给春天，当然也就含有求福愿望。在农历上，春天到来的标志是立春这个节气，于是人们在立春日便形成了许多祈福的习俗活动。

立春祈福的习俗，民间称为"宜春"。在西晋傅咸的《燕赋》中已有"宜春"的记载，他描述当时人们用五色绸剪成燕形，来赞美春天，表示祈愿。后来妇女把剪成的燕形当作首饰戴在头上，并贴上"宜春"二字。南朝梁宗懔《荆楚岁时记》中即有"立春之日悉剪彩为燕戴之，贴'宜春'二字"的记载。至唐代，则将"宜春"二字张贴于门上，孙思邈《千金月令》载："立春日贴宜春字于门"。以后，由于"宜春"二字所表达的祈福于春的含义太典奥，民间演化为立春日直接在门上贴"福"字、"喜"字的习俗，或者将"福"、"禄"、"寿"三字连成一字书写。而在皖北、苏北、豫东、鲁南等地，人们则爱贴"福禄寿喜"、"春福绵绵"、"喜福有余"等吉祥语，其祈福于春的含义表达得直接明了。在南方，人们用长尺余、宽三至四寸的红纸，上面书写"宜春"或"迎春接福"等语，粘贴在门户上，以祈春福。当地人称之为"春帖"。这种立春日祈福求吉的习俗，在与汉族杂居的一些少数民族，如满族、回族中间也颇流行。

在浙江等地，立春日祈福的习俗中还有一种叫"来春"的风俗。即在立春这一天，人们结伴去郊野踏青，并采集刚冒出绿芽的冬青树枝或返青冒绿的竹枝、松柏枝，或刚冒出一片绿色的青菜等，人们将这些反映着春天到来信息的树枝、青菜带回家，意味着将春天带回家，将春天带来的勃勃生机、一切繁荣的福运带回家中。有的地方人们还要用香纸、肉、豆腐等到田间去祭拜，并鸣放爆竹，以迎接春天的到来，迎接伴春而至的一切好运的到来。在田间祭拜完毕后，要从地里摘些碧绿的青菜和青翠的树枝回家。树枝挂在门上，或挂在财神、灶神、门神的神位旁，青菜则在中堂供奉后，烧煮后全家人分食，但要留一棵碧绿生青的鲜菜栽在沙碗中，进餐时摆在菜肴中间，以表示"四季长春，春福富足"。人们将这一立春日的活动，称为"插春"。

3. 端午节求福习俗

端午节也称"端五"、"重午"、"端阳"、"蒲节"、"天中节"、"天长节"、"龙船节"等，是流行于我国大多数地区的一个传统节日。这一习俗的起源有数种说法，有龙图腾崇拜说，有纪念屈原说等等。其内容则全国各地大同小异。其中包含了较多祈福消灾的内容，主要有：

(1) 午时符。在南方各地，每年农历五月初五，各家各户都要在午时书符一张，置于帐屏或悬于中门，以驱邪祈福。符纸为黄色，上画八卦或一神像，下书"敕令"两字，中间直书"五月五日午时破官非口舌，鼠蚁蚊虫一切尽消除"等字，两边还贴上副对联"艾旗迎百福，蒲剑斩千邪"。由此可见，这是以家事平安、身体健康为"福"的习俗反映。此俗在南宋时即已流行，吴自牧《梦粱录》中载："士宦等家以生朱于午时书'五月五日天中节，赤口白舌尽消灭'之句。"

(2) 午时联。在福建、台湾等地，端午不是贴符，而是贴对联，称"午时联"，也称"午时书"。对联用红朱笔写在黄纸上，贴在门上或门房壁上，也有饮雄黄酒焚硫黄炮后，以其烟写在门板上，还有的以雄黄酒写在黄笺上，然后贴在门栏上，其联语内容均为辟邪祈福。而如"西湖箫鼓，南国衣冠"，"十闽佳节，三楚遗风"等，则是以衣食富足、生活安定为祈福内容的。

（3）系条达、长命缕。旧时医疗条件低下，人们往往将避邪除瘟、无病无灾作为祈福的主要内容。为此，在五月初五这一天，东北、华北等地的人们要在孩子颈上、臂上系上五彩的丝线，称之长命缕；而在南方，人们互相赠送五彩的丝织物，并将它们缠于臂上，以避邪求福。这丝织物人们称之为"条达"，又曰"辟兵"。据南宋梁宗懔《荆楚岁时记》称，其功用在"令人不病瘟"。也有传说认为这些都是古代文身习俗的遗存。也有人解释，红、黄、蓝、白、黑五色代表了东南西北中五方，或象征五色龙，具有神秘的力量，可以降服鬼怪邪魔，保佑孩童度过灾恶的五月。隋朝杜台卿《玉烛宝典》记载这些条达"又有日月星辰鸟兽之状，文绣金缕贴画，贡献所尊"。以后，人们又有用五彩钱缠成粽形，编结成如意形荷包等，挂在小孩的脖子上；还有的家长用黄布制成小猴，青麻制成小笤帚给孩子佩带，习俗以为小猴是民间彩虎的遗俗变化能保护小孩，而麻帚则能扫除灾害。这些都是可以福佑孩子的。也有的将彩线编结成老虎、寿桃、蝙蝠、柑橘等物，内填入雄黄、香药、苍术等中草药，以使孩子佩戴后驱昆虫、散浊气，辟邪得福。

在浙江省金华地区，每年端午节，人们要用红布制作鸡心形的小袋子，里面装上茶叶、米和雄黄粉等，挂在小孩的胸前，以驱邪祈福。在当地，"鸡心"和"记性"谐音，民间以为端午节为小孩挂了鸡心袋，小孩读书便会记性好，将来有出息。这反映了当地人以小孩有出息为福的习俗心理。

（4）祭龙头。五月初五祭祀屈原，也是端午节起源的一说。在屈原投江自尽的湖南汨罗江畔，人们在举行纪念屈原的龙舟竞赛前要举行祭龙头的仪式。在阵阵鞭炮声中，头扎白头巾、身穿白衣白裤的龙舟桡手由打龙头的"头桡"和捧着香烛、供品的舵手带领，全体擎船旗、打锣鼓、扛桡桨来到屈子祠，将龙头放置在供桌上，毕恭毕敬地向屈原神位叩拜。此时，主祭人将一条红绸布系上龙头，"头桡"马上扛起龙头，跑至江边，连人带龙头一起跳入江中洗澡，其他桡手也跟着下水，然后才将龙头安于龙舟船头。人们认为祭过屈原又给龙头在汨罗江中洗过澡，龙舟竞赛中便能平安，而桡手们也可托屈原的福，消灾却病。人们将龙舟竞赛的胜利，看作是可以给本乡本村带来丰收和幸福的预兆。祭龙头，就是祈求龙舟竞赛夺魁，故也就是向屈原祈福求祥的一种习俗仪式。

4. 冬至节迎福践长

冬至是中国时令节俗中的大节，有"冬至大如年"的说法，时间约在阳历12月22日左右，其活动中祈福的内容极为丰富。从史书记载看，在周朝便已有冬至日祭神的仪式。《周礼·春官·神仕》云："以冬至日，致天神人鬼。"到汉代后，形成了贺节的习俗，如蔡邕《独断》中说："冬至，阳气起，君道长相贺。"东汉崔寔《四民月令》中记载：冬至之日，"进酒肴，及谒贺君师耆老，如正旦"。到魏晋时，便在贺节习俗中列入祈福的内容，其中较为独特的是给长者献袜。这大概源于人们"寒从脚底起"的保健常识；冬天来了，为避免受风受寒，保持身体健康，故要献袜迎福。曹植还专门写过一篇《冬至献袜颂表》："千载昌期，一阳寒节，四方交泰，万物昭苏……并献纹履七纳（注：即双），袜若干副。"唐宋时期，冬至和新年岁首并重，在献履袜互相祝福之外，又加上了祭祖的内容，祈求祖先降福。如南宋孟元老《东京梦华录·冬至》所说："京师最重此节，虽至贫者，一年之间，积累假借，至此日更易新衣，备办饮食，享祀先祖……庆贺往来，一如年节。"至明清时，冬至仍承袭为舅姑献履袜的习俗，刘侗、于奕正《帝京景物略·城东内外》就记载有"百官贺冬毕，吉服三日，具红笺互拜，朱衣交于衢，一如元旦。民间不尔，惟妇制履鞋，上其舅姑"。旧时，冬至这一天，商店歇市，渔家停网，织工停织，人们吃赤小豆等食品以避邪，裹馄饨以祀祖先求福，相互宴请，馈赠冬至礼物，谓之"送冬至盘"。在南方一些地方，还要用糯米粉做圆子，先敬神祀祖，再全家聚食，据说吃了这圆子能添福添寿。

　　比冬至稍晚的是腊八祈福，时间为农历十二月初八。在中国远古时代，人们要举行一种"腊"的祭礼。人们常在冬月将尽时，用猎获的禽兽举行大祭，以祈福求寿，避灾迎祥。因为古时候生产力低下，猎获禽兽是人们肉食和衣饰等生活资源的主要来源，因此猎获禽兽的顺利和数量多，便是生活的富足，便是福，故人们要举行猎祭。古时"猎"与"腊"相通，"猎祭"即是"腊祭"，所以就把每年举行猎祭的农历十二月初八称为"腊日"，十二月也就称为"腊月"，这一祈福活动也就称之为"腊八节"。在秦朝时腊日的祈祀规模已很大，类似于过年，但尚未固定在十二月初八，一直到南北朝时才固定下来。

（二）生产生活中的祈福活动

对福的祈求渗透到人们日常生产、生活的各项活动之中。如在农业生产中，一年有数次大规模的祈求丰收的活动，春播时的祭田公田婆、秧神，水稻即将成熟前的祭典等。在江南农村，旧时普遍有农历六月初六在田头举行祭祀仪式，以祈求诸神降福，使农事丰收的活动。这一天，民间各家各户老少出动，采撷田里各种庄稼的叶子和园中各种瓜果蔬菜的叶子，盛在筐里，置于田头。然后，依次祭祀田公、田母及与农业有关的诸神。祭拜毕，将各种瓜果叶子、庄稼叶子点燃焚烧，以此祈求诸神保佑风调雨顺，农事发达，秋季生产大丰收。因祭祀仪式祈求的是秋季丰收，故称"烧秋"。而丰收意味着人们将温饱有保证，是诸神所施的一种福分，故老百姓又都习惯称之为"烧田福"。由于人们俗信"田福"烧得越旺，收成便越好，福气越大，因此六月初六这天，人们都盼晴天而忌下雨。安徽的和县、含山等地便有农谚云："六月六，不破圩田得饱粥。"徽州等地也有谚语云："田家吃大肉，单看六月六。"

　　对于旧时那些以船为家、终年生活于江河湖海中的船民来说，船不仅是生活的场所，也是生产的重要工具，所以每造一条新船都要隆重庆贺，整个过程伴随着强烈的祈福求祥愿望。新船打造完工，要钉上四绺红绿绸布条，名为"如意喜钉"，含有祈祝新船航行如意的意思。新船下水时，船主要故意藏起一枚喜钉，造船的工匠也故意要来找一找："东家，还要一枚喜钉哩！"这时，船主方乐呵呵地交给他一枚喜钉。新船的船舱口，都要贴上大红的"喜"、"福"字；船舱里放上八盘祈福的食品，其中有用红小豆和糯米蒸成的"红饭"、米团花、元宝糕、定胜糕和"聚宝盆"等。这"聚宝盆"实际上是在只陶瓷盘里堆装上十种用糯米粉捏制后蒸熟的物件，它们有鲤鱼、石榴、秤、万年青、竹笋等。人们借其谐音象征意义，标示祈福的意愿。如鲤鱼跳龙门、多子多孙（石榴）、诸事称（秤）心如意、万事兴（青）旺、生活如雨后春笋般节节高等。总之，新船里摆上"聚宝盆"是渔家船民祈福求祥的习俗礼仪。

　　在旧时人们的观念中，安居乐业是一种福分，好的居住环境会给居住者带来福气，故在住房的选择和建造中形成了许多祈福的习俗。如上梁是新屋大功告成的主要标志，因此要举行隆重的庆贺仪式：首先，上梁要选择吉日良辰进行，届时亲朋好友都要来送礼致贺祝福，礼品以糕和粽为多，取团团圆圆、高中金榜的祝福意思。上梁前，有的地方还要将摆有鲤鱼、猪头、定升糕、兴隆馒头和甘蔗等物的香案供桌抬进待上梁的新屋，以祈愿新屋落成后，能兴旺隆盛、步步高升，日子过得像甘蔗般越来越甜。然后由木工师傅抬梁上架，在热烈的鞭炮声中，两人抬梁登梯步步上升，这时由主持建房的师傅口诵祝福词，如"手扶金梯步步上，芝麻开花节节高，新屋主家千年福，儿孙满堂万代安"之类。待梁木抬至屋脊，安放在柱顶后，置酒菜于梁木两端，请抬梁人细酌熳饮。此时，屋主要以红布披梁，并向建屋工匠分赠红包，以求吉利。在四川等地，则要在梁木上悬贴"吉福"的大红纸，抬梁匠人手提滴血的大公鸡抬梁上梯，边走边唱祝福歌词："左手推开金鸡叫，右手挽来凤凰升，新屋建成洪福至，谷丰畜旺人欢笑。"梁上好后，工匠站在梁上，将屋主准备好的馒头、糕团抛向堂屋前来祝贺的来宾以及在周围看热闹的人群。人们则争相夺取抛下的馒头糕团。旧时，人们相信能够造新屋是有福之人，能拾得新屋上梁时抛下的馒头糕团，就能沾上主人家的福气而交上好运，这正如苏州地区工匠在上梁时祝颂的："抛梁抛得处处有，四方邻居带喜归，主家量大福气大，八方美名传佳话。"上梁祈福习俗不仅汉族有，其他少数民族中也有，如湘西的苗族同胞，将上梁的祈福全部都融入到了上梁歌中。如木匠师傅跨进中堂时唱："福月良日，天地开张，跨进中堂，一踩长命富贵，二踩金玉满堂，三踩三元祖敬，四踩四季发财，五踩五子登科，六踩六合同春，七踩七子团圆，八踩八洞神仙，九踩天长久远，十踩富贵双全。"木匠师傅将准备抛掷的糯米粑粑包好带着登梯时又唱："我手攀一排方，户主起造大吉昌；手攀二排方，春生明月照家堂；手攀三排方，三元祖中状元郎；手攀四排方，四季凤鸾来朝阳；手攀五排方，儿女多能管田庄；手攀六排方，六合同春家兴旺；手攀七排方，北斗七星永指望；手攀八排方，主宾众亲享安康；手攀九排方，主栋下头起高仓；攀登梁头看青天，户主得见太平年。"木匠师傅在梁上抛糯米粑粑时又唱道："吉日良辰开天门，建造大成众亲临。鞭炮满门恭贺喜，梁头安上正中庭。一手梁粑抛上天，要敬大师鲁班仙；二手梁粑抛下地，地门龙神得安慰；三手梁粑抛中央，抛送众人同来尝；四手梁粑抛送主，贺喜大厦千秋福。问你主人要富是要贵，富贵都要齐来临，一锭金来一锭银，金银都进到家门。"

在生活中传统食品里，因祈福而名的吉祥食品数不胜数。如：

祈福的"年根饭"。旧时汉族民间每年除夕家家户户都要制作一顿极为考究的"年饭"，用作新年春节祈福求祥的供食。据清代富察敦崇《燕京岁时记》载：在北京、江苏等地，除夕的年饭"用金银米为之，上插松柏枝，缀以金钱、枣、栗、龙眼、香枝，破五之后方始去之"。这就是说，每到农历除夕晚上，家家户户要将煮得半生的大米（银色的大米象征银子）饭、小米（金色的小米象征金子）饭捞在一只直径约半尺左右的陶瓷盆中，米饭面上嵌有红枣、栗子、荔枝、龙眼等象征吉祥的干果，米饭中间插上一枝一尺多长的松柏枝，枝上挂上小挂签或箔纸做的元宝，或挂一些咬开一个小口子的花生果或白果，成为一棵"摇钱树"，而整个陶瓷盆民间便称之为"聚宝盆"。民间习俗认为，除夕夜供这样一个"聚宝盆"年饭在供桌上，便能祈得在新的一年中有发财之福。在江苏一代，这年饭"聚宝盆"是用年夜饭中吃剩的米饭来装饰的，称之为"陈饭盆"，意含来年米饭吃剩有余。在湖南等地区，也有将年夜饭中吃剩的米饭留过年来祈福的，称之为"年根饭"。每年农历除夕，每家都要用籼米掺入糯米烧年饭，并往往要多煮一些，使这晚的米饭吃后有剩余，以留作来年的"饭根"，含有"富贵有根"的祈福意义。按传统惯例，这留下的"饭根"一直要吃到正月初三以后，且初一早餐忌吃饭，因"饭"与"犯"谐音，不吉利。在农村，还要以年根饭喂牛、狗，饲牛时拌以青菜和糠料等，喂狗时则加熟肉数块，视牛、狗先吃何物，以卜来年肉、菜、米价之贵贱。

新年祈福的"百事大吉"。每逢新年春节民间祈福说得最多的一句话便是"祝新年万事大吉，事事如意"。为此，在江浙一带，新年春节家家要准备一样名为"百事大吉"的食品，并在大年初一，人人大吃"百事大吉"，以示新春祈福之意。"百事大吉"实即柿饼和福桔。据《西湖游览志》载，早在明代，民间在正月初一，便"签柏枝于柿饼，以大桔承之，谓之百事大吉"。此俗主要是因"柿"与"事"、"吉"与"桔"谐音而来。在当时是作为一种陈设，作为一种祈福的供奉而陈列的，要等到春节过后，再分而食之。但到了清代晚期，据光绪《武进阳湖县志》记载："正月朔日元旦，食干柿及桔，曰'百事大吉'。"则已改为初一食柿饼和福桔以祈福了。

至于在北方，据周密《武林旧事》载，在宋代的食物中已出现"百事吉"一项。李家瑞《北平风俗类证》引《酌中志》："所食之物，如曰'百事大吉盒儿'者，柿饼、荔枝、圆眼、果子、熟枣共装盛之。"即将一些有着象征福祥名称的干果掺和一起放在一个大盒内，在春节中食用，这样便能祈求一年内事（柿）事圆（桂圆、荔枝）满、喜庆如意。

祝福茶食。在湖南各地，每逢春节，家家都要准备各种可口的祝福茶食，招待客人。如花生果，又称"长生果"，祝愿长生不老、多寿多福；各种美味瓜子，祝瓜瓞绵绵，多子多福；芝麻泡茶，因民间有俗谚"芝麻开花节节高"，故以此祝福事业有成、步步高升，家道兴旺，年年发达；用薰青豆泡茶，因当地方言"豆"与"兜"谐音，故表示"有吃有兜，年年富足"等。

祈求子孙有福的"子福"。在山西、陕西等省，每逢清明节给亲人上坟，要用一种叫"子福"的传统食品来祭祖。子福用白面制作，内馅为枣子、豆子、核桃等，面上放一只鸡蛋，周围盘上几条用面捏的面蛇，然后上蒸笼蒸熟即成。这一食品中的枣子、核桃等物，含有祈求祖先庇护，使家庭和睦、子孙兴旺的意思，故称"子福"。民间清明上坟祭祖时用一个大的"子福",叫"总子福"。祭祖完毕后,全家分而食之,意为得了子福。此外,全家大小这天每人还各得一个小子福。凡出嫁的女儿,娘家每年都要送一个子福去,以表示为女儿祈福,祝福女儿在婆家生活和美、多子多孙。新媳妇在婆家过第一个清明节,嫁家要特制一对子福,还捏上花鸟虫鱼等,以示娘家人对女儿女婿的祝福:生活如花,前程似锦,早生贵子。新媳妇要抱着子福到婆家的祖坟祭祖,俗谓"抱子福认祖宗",含祈求婆家祖先为新入门的媳妇赐子赐福的意思。清明吃子福这一习俗相传源起很早,是为了纪念春秋时期的介子推,因为介子推曾随晋文公出奔,那子福面上的面蛇和蛋,即含有"一龙有难,五蛇相从"的意思。

祝福"食篮"。在景颇族同胞中,凡办婚事、集会、过节日、走亲戚时,都要互相赠送"俪"以示祝福。"俪"是景颇语,即"礼篮"的意思。如婚礼喜事中,这藤篾编织的礼篮中要装上一筒白水酒、两包糯米饭团和两包熟鸡蛋。当贺喜的客人、参加婚礼的来客上门时,由负责接待的中年妇女身背礼篮迎上前去,双手捧出两筒酒,拜见客人中的年长者。客人接礼后,要吟唱祝福的颂词,然后痛饮水酒,接着是一人一份糯米饭团,中间包上切成两半的鸡蛋一起吃,最后又将礼篮送给主人家，表示祝福和还礼。礼篮中的礼物均有祝福的含义：酒筒表示男女两性，水酒代表女性，米酒代表男性，喝两筒酒是祝福夫妻和谐恩爱；糯米饭团是祝福夫妻像糯米一样互相粘在一起，紧密团结；鸡蛋表示纯净，是祝愿新婚家庭及来宾平安健康、幸福如意；而且礼篮中的物品都是成双的，表示了对新人永远相爱、出双入对、白头偕老的祝福。

祝福"面花"。面食是中国北方居民的主要食品，而陕北农村的农妇女在制面食品中又加入了祝福的祈愿。她们把发了酵的面团不是简单地搓成馒头捏成馍，而是捏出许多含吉祥祝福意义的动物、瓜果、花卉，蒸熟后变成了含祈福意义的食物面花。如嫁女儿娶媳妇，便捏出龙凤相配，取名"龙凤呈祥"；或捏条鲤鱼钻在莲花下，取名"鲤鱼钻莲""莲（连）生贵子"；或捏只白头翁停在长命锁上，取意新人长命百岁、白头偕老等。当地媳妇回娘家，也要带上祝福面花送给家人；给父母和族中长辈送捏成圆环形的，上面还捏有蝙蝠和梅花鹿的面花，祝福老人如面花一样圆圆满满、福（蝠）禄（鹿）双全，晚年生活幸福如意；给自家兄弟及未出嫁姐妹送捏有一条蛇盘着一只兔的面花及捏有瓜果葡萄的面花，前者是祝福兄弟姐妹们成家后能发家致富，生活富裕丰足，因民间俗谚说"人要富，蛇盘兔"，属蛇的男人像蛇一样灵巧，而像白兔一样的女人善于守窝；而后是则是祝福兄弟姐妹成家后，早生贵子，瓜瓞绵绵，多子多福。给娘家侄儿女及外甥儿女则送捏成老虎、白兔、鸟雀之类的玩具面花。老虎面花是祝福男孩像老虎般强壮威猛，白兔面花是祝福女孩像白兔一样温柔灵巧和可爱；鸟雀面花是预祝孩子们都如百灵鸟般能说善唱。

驱邪纳福"洗头面"。生活在中国东北部的朝鲜族同胞喜好吃面，其中有一种叫"洗头面"的冷面，寓有驱邪纳福的含义，是他们在喜庆节日时食用的特殊食品。洗头面的面条用特别的方法压制而成，又细又长；汤料用撇去了脂肪的冷牛肉汤或鸡汤；再加上牛肉、鸡肉、苹果、芝麻、泡菜丝、辣椒粉、酱油、醋、香油等佐料，就制成了一碗甜酸香辣、清凉爽口的"洗头面"了。这样一碗面为什么会有祈福的含义呢？因为相传朝鲜族同胞有每逢农历六月十五到向东流的溪涧洗头擦身的习俗。俗信认为洗头擦身即可洗去身上的污垢，又可洗去邪恶，使身体健康，家家平安。这一天，人们在洗头擦身后，喜欢吃一碗甜酸香辣、清凉爽口的冷面，所以这碗面就称之为"洗头面"。由于六月十五洗头擦澡含有驱邪纳福的意思，久而久之，吃这碗面也就有了驱邪纳福的功效，并传说吃了后能万事如意、生活幸福。

福喜字糕点。在京、津一带，如有人家做寿、办喜事，贺客上门往往送一种"福喜字"糕点，以示祝福。福喜字糕点，即用米面粉制作成"福"字形、"喜"字形或"寿"字形的糕点。它又分硬皮和酥皮两种。硬皮的福喜字一斤做成十六块，里面有糖馅和青丝小料，糕面上做出阳文的福、禄、寿、喜等字。酥皮的一斤做成八块，块大，馅的品种多，质量也更好。福喜字糕点由于它具明显的祝福含义，故也被用作年节、庙会时祭祖供神的供品。

此外，在民间生活中，还有许多在特定条件下进行的祈福活动。如父母生病，儿女为父母祈福烧报恩香。在四川地区，当地民间若遇父母染病感疫，卧病不起，儿女便要烧香酬神许愿，祈求神灵降福，使父母病患早日痊愈。一般所许之愿，便是若神灵能降福去患，则儿女拜烧三年香或五年香来报答神的福恩，故称之为"报恩香"。每逢会期或祭祀活动，儿女辈还要找几个善拜擅唱者，来烧香唱拜以酬神。而小辈们则用黑纱笼首，纱尾拖至肩后。手中拿只小木凳，木凳前端插一炷香，跟随在执小锣、捧香钵的拜唱者身后，先去祖庙堂前唱拜，然后沿途见桥唱桥，见庙拜庙，一路颂吟佛号。如《德阳县志》载："见祠宇则拜，且唱；见桥梁亦然……至庙有拜诸神，上香跪唱，起移时又上香仍呼唱而归，大抵皆报恩祈福之辞，亦娓娓可听。"当地民间有儿女为求父母长寿，也有烧报恩香为父母祈福的习俗活动。又如"靠庙"添福寿。在浙江西部农村中，人们有"靠庙"添福寿的说法。每逢庙庵有佛事，村里的妇女信众必先斋戒沐浴，携带香烛、纸马、糕点糖果，邀集姑嫂姐妹众同伴，去庙庵拜菩萨，并通宵坐在庙庵中祈佛，俗称"靠庙"。俗信诚心靠庙，虔心敬佛，便可添福增寿、去祸消灾。"靠庙"回家，以所余纸香叩拜灶神、财神，称之为烧"回头香"。叩拜后，把从庙庵中靠庙过后带回来的敬佛糕点分给孩子们，称之为"结缘"，俗信吃了结缘糕点，便可"福缘普及"。即便是在宅前屋后种树，旧时也掺入了祈福求祥的内涵。如在山东、河南等地，习惯在宅屋前及左右种榆树、槐树和杏树，而在屋后种桃树，并绝对不在门前种桑树。因为，榆树叶像钱串，榆树结的籽叫"榆钱子"，榆树栽在门前，表达了发财致富、钱财满门的祈望；槐树民间认为是吉利之树，历来有"门前一棵槐，不是招宝,就是进财"的俗谚;杏树的"杏"与幸福的"幸"谐音,种杏树是为了求幸福;将桃树种在屋后是因为"桃"、"逃"谐音,是为了不让家里的祥瑞之气跑了;至于绝对不屋前种桑树,也是因为"桑"、"丧"谐音,人们对它忌讳所致。正因为宅屋周围种树、种什么树包含了人们祈福求祥的意愿,故人们又进而以为凡宅屋周围种树多的人家便能得福,遂形成了"宅树送福"的习俗信仰。

七 福的象征·祈福年画·福祥物

由于人们对福的企盼，长期以来逐渐形成了许多与祈福有关的福的象征物，和渗入了福的内涵的日常生活用品，尤其是以祈福为主要内容的年画。

（一）从谐音说福的象征物

"福"本身是看不见、摸不着的抽象概念，无法用图像表达。聪明智慧的中国人，利用汉字独特的同形异音、异形同音特点，借用谐音的手法，创造了无数表现福的内容的象征物，以表达人们祈福的愿望。现择主要的几种介绍如下：

1. 蝙蝠

蝙蝠在我们今人眼里看来并无奇特之处，形象也不美。在西方人眼中甚至把它看作是"非禽非兽"的怪物，声誉极差，《伊索寓言》中就有一则讽刺蝙蝠的故事。但是在我们中国古人眼中，蝙蝠却成了"福"的形象化身，原因仅仅是因为"蝠"与"福"谐音。（图30）它经常出现于吉祥图案中，如：五只蝙蝠环绕着一个大"寿"字，称为"五福拱寿"；一群蝙蝠同桃子或一个"寿"字组成"多福多寿图"；一只蝙蝠衔着用绳子穿起来两个古钱（古名泉，与全同音）组成"福在眼前图"（图31）；茫茫大海中岩石耸立，几只蝙蝠正向岩石飞来，构成"福山寿海图"，又可解释为"福如东海，寿比南山"；五只蝙蝠飞向一只竹盒，称为"五福和合"；（图32）数只寿桃，数只如意，和一只飞向寿桃的蝙蝠，构成"福寿如意图"等等。

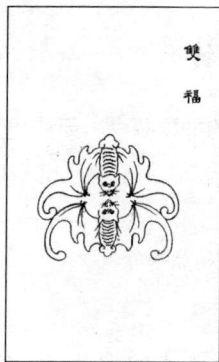

图30　选自中国书店
《吉祥图案》

图31　选自中国书店
《吉祥图案》

图 32　选自中国书店
《吉祥图案》

2. 龟

与蝙蝠一样，龟在现代人的观念中是"不祥"之物，甚至有"缩头乌龟"、"龟孙子"之类骂人的话。但因为相传它寿命极长，在中国古代列入"四灵"之一，被当作长寿的象征物。龟与鹤组成"龟鹤齐龄图"；与麒麟、凤凰、龙组成"四灵图"等等，"龟鹤延年"、"龟鹤同春"等也是常用于祝寿的贺语。

3. 鹤

俗称仙鹤，由于它的形体、举止都给人一种高雅、悠闲、超脱的感觉，再加上被古人认为是长寿的仙禽，有"鹤寿千年"的传说，所以一直被当作长寿的象征物，经常出现在祝寿的吉祥图案上。如与松树组成"鹤寿松龄图"，与寿桃构成"鹤献寿桃图"，与鹿组成"鹤鹿同春图"（图33）等。

4. 松树

松树因为是一种常青树，所以成了长寿的象征，经常与其他吉祥物构成吉祥图案，如一株挺拔青郁的松树，一棵摇曳生姿的菊花，组成一幅"松菊延年图"；松树和柏树并肩屹立组成"松柏同春图"等。

5. 牡丹

牡丹在中国誉为"花王"，国色天香，是富贵的象征。其吉祥图案有《国色天香》、《官居一品》、《富贵长春》、《富贵因缘》、《长命富贵》、《功名富贵》（图34）、《富贵寿考》（图35）、《白头富贵》、《富贵耄耋》、《富贵万代》、《富贵平安》《神仙富贵》、《满堂富贵》、《玉堂富贵》、《荣华富贵》、《夫妻富贵》等。

6. 莲

莲因为多籽，成为多子的象征，吉祥图案有：一男孩骑

图 33　选自中国书店　　图 34　选自中国书店
《吉祥图案》　　　　　《吉祥图案》

图 35　选自中国书店编

《吉祥图案》

麒麟、手持莲蓬名为《麒麟送子》；一双鸳鸯在水中游，配以几只莲花、莲蓬，名为《鸳鸯贵子》；莲蓬加桂花，称为《连生贵子》（图36）等。

图36　选自中国书店编

《吉祥图案》

此外，如柏树、灵芝、菊花、枸杞象征长寿，桂花象征"贵"，梧桐象征富足、婚姻美好，佛手象征福寿，水仙代表"神仙"，石榴象征多子，鱼象征有余，猴象征官候，鸡冠象征"官"等等，都可组成多姿多彩、寓意丰富的吉祥图案。（图37、38）

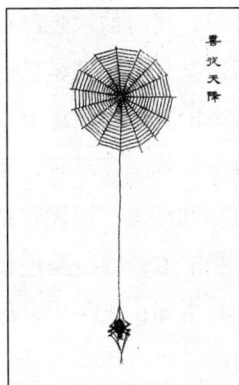

图 37　选自中国书店编　　图 38　选自中国书店编
　　《吉祥图案》　　　　　　　《吉祥图案》

（二）祈"福"年画

　　"门神"是民间年画中起源最早的形式。《礼记》中即有祭门神的记载，到了汉代正式出现了在门上画门神（神荼、郁垒）的习俗。魏晋南北朝时期，出现了画鸡于户的门画新形式。唐朝时，寺庙中的厨房、库房、内室等门上等都绘有门画，民间门画的内容不断丰富，将军朝官、爵鹿蝠禧、宝马瓶鞍等吉庆祥瑞题材等都成了门画的内容，还出现了新年张贴驱邪避灾的"钟馗"画。据敦煌莫高窟中藏有唐代开元年间和天宝年间的版捺印佛像分析，当时的木版印刷已达到一定的水平，但以木版印刷年画还是从宋代开始的，从此进入了年画创作的兴盛期，当时城市市民中几乎每家每户都要张贴年画。北宋时期兴起于中原一带的民间年画，到南宋时形成了在江南以杭州为中心并逐渐向江苏、福建扩展，北方以平阳（临汾）为中心与晋北、燕京雕刻佛经圣地相接并向陕西、河北、山东等地逐渐发展的格局；在四川，形成了以画门神为主的绵竹年画风格。明朝以后，年画无论是题材内容、刻绘技法，还是艺术风格等都十分多样，样式也趋于定型，并形成了天津杨柳青、山东潍坊杨家埠、苏州桃花坞等年画创作与印刷中心。中国民间年画经历了数千年的历史发展，有着丰富的文化积淀，它不仅反映了中国民众的审美观念和绘画思想，而且已成为民间社会生活的一部分，是民间文化观念的形象载体，是一种历史的展示，其历史价值和文化意义已大大超出了绘画本身。

年画的内容，从一开始便与人们的祈福消灾观念有关，尽管后来年画题材越来越广泛，诸如戏剧人物、小说故事、神仙题材、现实风情、民俗图案、山水花鸟等等都可入画，但与"福"有关的年画仍是年画中最主要的部分，也是民众张贴年画的主要目的。现择主要的作简单的介绍分析。

1. "福"字斗方画

这是最传统又最普遍的一种"福"的年画。通常是在大红的斗方纸上，写上一个笔画粗狂、字体敦实的"福"字。考究的，则在斗方红纸的四边，画印上云锦纹、双龙、寿桃、万年青、牡丹花等。寿桃在福字的顶上，万年青在福字的底下，寿桃两旁还有松柏作衬，这些都是象征长寿之物。福字两旁是两条在云锦中抢珠的金龙，龙是权力与高贵的象征，云绵象征飞腾，火珠象征无价之财富，是得贵得宝之意。至于万年青旁的两朵盛开的牡丹，则显然是代表富贵的意思，因为牡丹在中国有花中之王的美誉，它的雍容华贵之态，历来被作为富贵的象征。这幅"福"字年画以长寿、富贵、得宝得贵来祈祝人们有福，成为最受人们欢迎的年画之一。

2. "福禄寿"三星交辉

前面已经谈过，中国百姓心目中福的含意是很广泛的。一个人家庭富盈，生活幸福美满，一切应有尽有，但如果早夭，便一切都享受不到了，因此希望长寿；有福有寿之人，在社会上若无政治地位，则往往受制于人，故又希望做官，吃朝廷俸禄。因此可以说，有福有禄有寿是中国人一生的追求。"三星交辉"的年画便反映和满足了人们的这一祈望。画面上左是手持寿桃和挂着不老药丹葫芦仙杖的老寿星，右是抱着童子的福星，当中是手持如意的禄星。

3. 福禄双全

鹿，在有关福的年画中经常出现，这不仅因为民间好用谐音手法，"鹿"与"乐"、"禄"谐音，以它来象征有福之快乐和有禄位之权力，而且还因为在现实生活中，人们通过实践，了解和掌握了鹿茸、鹿血、鹿鞭等都是能使人健康祛病长寿的好药材。旧时，在中药铺中便往往以一具鹿的标本，为其广告，便是一例。在"福禄双全"年画中，前为一回头的鹿，后为手捧如意、头戴官帽、矮墩墩的福神。

4. 福禄富贵

该年画中，画一群童子（寓多子），人人头上梳着发髻（寓吉），抬着叠在一起的三只元宝（寓富贵）；后面三个童子，一个左手持莲花，一个右手拿只花瓶，上面一个右手拿着笙，左手拿朵莲，寓意"连（莲）升（笙）三级"或"平（瓶）升（笙）三级"。

5. 五福捧寿

在福的年画中，经常出现的另一种动物便是形貌并不讨人喜爱，甚至被人觉得状貌丑陋的蝙蝠，但因其名与"福"谐音，故经常被作为"福"的替代而出现在祈福的年画中。如《五福捧寿》中，手捧寿桃如意的老寿星上方，飞临五只蝙蝠，表明"五福来临"的意思；寿星前面两位童子，一位手持荷花和金钱，一位手捧宝盒，是"招财进宝"两童子，又谓是和合两仙，象征和气相合；寿星身后左边是口衔灵芝的仙鹤，右边是手持仙杖药葫芦的梳髻童子和梅花鹿，象征长寿、吉利和利禄。这样，"和、合、寿、禄、吉"围拥着老寿星，意为"五福捧寿"，正是旧时中国人对"福"的最满足的祈求。

6. 和气纳福

中国人受儒家学说影响极深，凡事讲究中庸之道，以和为贵，推崇"退一步海阔天空"的处世之道。与世无争，与人无争，一团和气，这样既可避免惹别人来犯，又可求得自身内心的平静和平衡，和气生财，心宽体胖，这也是"福"，故就有了《和气纳福》的年画。画中主人公是一位胖墩墩的梳髻童子，是江南一带家喻户晓的无锡泥人"大阿福"。大阿福满脸堆笑，身体发福成圆滚滚的一团，其形象正如他手持的卷轴上所书写的："一团和气"。大阿福的四周，间隔围绕着五只蝙蝠和五堆寿桃，象征着"五福"和"五寿"。

7. 福如东海

在人们对福的祈盼中，或对他人的祝福中，"福如东海"、"寿比南山"是经常使用的祝词。在旧时人们的观念中，东海是最浩瀚无边的，南山是最高崇无限的。因此，福如东海，便是祈愿得福无限、福分无限。在年画中，画一位矮胖胖的福神，手捧一瓶，瓶口有莲花环，绕着一个福字。身后是一个梳髻童子，手持一戟杆，杆上垂"福如东海"的刺绣旌幡。瓶内据说装的便是东海的海水。《福如东海》是旧时人们在厅堂或男主人书房内必然要贴挂的年画。

8. 福寿临门

这幅年画中，老寿星骑在梅花鹿上，肩上扛着龙头拐杖，杖头挂着又大又鲜的仙桃，原先一般年画中挂在杖头上的仙药葫芦则捧在蓝衣童子的手中。另一红衣童子正奋力牵着梅花鹿前行。蓝衣童子的神态是准备将仙药送人的模样，而红衣童子牵鹿前行的动作活灵活现，是抓紧时间将寿星给你送上门去的生动神态，正表现了"临门"二字的含义。

9. 平升五福

中国民间素有"平升三级""平升五福"之说，这里的"平"字，既有"平地而起"的意思，同时还带有点"普通平民"的意思，是希冀普通百姓也能有平地得福的好运。画面上两个梳髻（吉）童子，一个依着个大花瓶（平），花瓶内插一枝莲（连）花，面前还放着一只芦笙（升），另一个正用芭蕉扇招引五只飞临的蝙蝠（福）。因此，这幅年画既可称作

"平（瓶）升（笙）五福（蝠）"，也可称"连（莲）升（笙）五福（蝠）"。

10. 福寿绵长

在这幅年画中，一个童子右手拿一朵牡丹，左手腕上系个古钱。牡丹花素有花中之王之称，象征富贵；而古钱，古称古泉，泉谐音"全"，所以这名绿衣童子意味着"富贵双全"的祝福。而另一位蓝衣童子双手高举一个用棉线盘制的花结，象征着吉祥绵长。两童子前有寿桃，后有蝙蝠，中间还有莲花插瓶。这样，富、贵、吉、寿、福，样样皆备，显示了"福寿绵长"的象征含意。

（三）"福"的吉祥物

在日常生活中，人们为了祈福，在一些平常的生活用品中也注入了"福"的内涵，以求吉利，主要是衣饰和小孩的用品为多。如：

1. 八宝吉祥图

这是一种藏族同胞装饰绣制在衣服、挂毯等物上用以祈福的吉祥图案，藏语称之为"扎西达吉"。这八宝原是藏族同胞用以敬佛的八件供物，即宝伞、胜利幢、宝瓶、金鱼、莲花、左旋海螺、吉祥结和金轮。藏传佛教以为此八宝是佛祖释迦牟尼的化身，分别代表了佛的八样器官。如宝伞代表了佛之首，胜利幢代表佛之身，金鱼（又称双鱼）代表佛之双眼，左旋海螺代表佛发出的妙音等等。此八宝初始为金属或木制而成，用于寺院供佛，后流传于藏族民间，藏胞奉八宝为吉祥象征，且以为将八宝形象图案绘画、雕刻于生活周围的物件上，便可得吉祥得福，故将八宝图案也刺绣绘制在衣饰、帐幔等处。

2. 驱毒祈福的五香布袋

民谚云："端午节，天气热，'五毒'醒，不安宁。"农历五月初五，时值初夏，多雨潮湿，蛇虫蜈蚣等毒虫趋于活跃，细菌病毒也迅速繁殖传播。这时节，人极易染病，特别是孩童更易感染时疫。为使孩子免于感染，身体得以强健，民间习俗于端午节时，用红布或彩色布缝制一小口袋，内装花椒、八角、桂皮、丁香花蕾、茴香子等调味的香料，佩戴在孩子胸前，作为一种饰物。其香味有驱蛇、蝎、蜈蚣、壁虎、蟾蜍等毒虫的功效，而习俗则以为佩五毒布袋胸饰有驱毒祈福之意。

3. 求子祈福的凤冠

这是畲族同胞结婚时新娘的一种头饰，用竹制，也有用木作支架，呈尖角状，头冠处扎四条用数百颗白矾珠缀成的珠带，额前悬一块圆形契牌，上缠三块小银牌，冠下披一条长约一尺、宽约一寸的红绫带。凤冠左右插银簪、银钗，再配上耳环、牙签、银项圈、银链等小件饰物，有"九连环"、"九子十三孙"等名称。这一头饰相传是由畲族始祖盘瓠妻子三公主始创，而后代代相传下来的。俗信以为结婚时戴了这一凤冠，便含有祝福新人婚后发子旺孙之意。

4. 驱鬼祈福罗汉帽

在湖南、广西、贵州毗邻地区的侗族同胞中，为孩子祈福要戴一种银制的罗汉帽。帽子用柔软的绒布制成，在帽的额沿上装有两层银饰，上层有十八位罗汉，下层为十八朵梅花。帽的两鬓各佩一月形银饰，下面各挂一头银狮。银狮仰头望月，脚踏银珠，十分威武。帽后系有七至十一根短银链，银莲末端分别吊着银铃、三方大印、葫芦、仙桃、金鱼和鹰爪等物。孩童戴了这罗汉帽转动脑袋或走路时，银莲摆动，银铃叮当作响，清脆悦耳，十分有趣。侗族同胞的习俗认为，帽额上的十八罗汉是含"十八罗汉护身，一切鬼神莫近"之意；而帽后银莲上吊的各种饰物，是祈愿孩子长大后能当官、长寿、智慧、强健、聪明。

5. 祈福的狮子帽和虎头鞋

在江南地区，民间为小孩祈福有穿虎头鞋和戴狮子（虎头）帽的习俗。虎头鞋是用柔软的黄布或黄缎子做的小儿软底鞋。鞋头上绣一个威武的虎头，鞋底里绣上"福"字。狮子帽是用柔软的布或丝绒做的带披颈的帽子，在帽前额中间顶一个银子打制的狮子头或一个大大的"福"字，边上还绣上花卉，帽上还用金线花片做成狮子毛。小孩戴上狮子帽，踏上虎头鞋，显得虎虎有生气，虎头虎脑十分可爱。而民间俗信以为孩子头戴狮子帽、脚踏虎头鞋，便能如狮虎般强健、灵活，无病无灾，得祥得福。

6. 福盖地鞋

在今青海互助土族自治县等地的土族同胞中，旧时男子传统要穿一种福盖地鞋，以祈愿能得到盖地般大的"福气"。福盖地鞋制作时，按底样做好四页布坯，蒙以面料，鞋帮除头部外都绣满盘线云纹，另做一对子母相配的蘑菇状云朵图案，这便是"福盖地"。鞋帮用线锁边后缝合，将"福盖地"贴到鞋头部位缝上，盖住了整个鞋头，再绱上鞋底，即成一双福盖地鞋。

后　记

这是我们两人第二度愉快的合作。我们受《民俗研究》副主编叶涛先生、山东教育出版社之邀，接受了本课题。"福"，在我们日常生活中可谓是到处可见、随处可闻，它伴随着我们的一生。可是要将它归纳为文字，却遇到了一定的困难，因为"福"既是实在的，又是抽象的，它看不见摸不着，如何才算是"福"，也没有一个标准的尺度。好在这几年我国的民俗研究者在民俗调查方面做了大量的工作，提供了丰富多彩的民俗调查资料，为我们的写作提供了一定的条件，在此向为我国民俗调查工作辛勤努力的同仁表示崇高的敬意。本书的写作得到了叶涛先生、刘连庚先生的大力支持和鼓励，在此一并表示衷心的感谢！由于笔者水平有限，书中舛误肯定不少，希望得到同道的批评指正。